Bunny Wilson

Ich? Mich unterordnen?

Bunny Wilson

Ich? Mich unterordnen?

Editions Trobisch

Die Originalausgabe erschien unter dem Titel
LIBERATED THROUGH SUBMISSION
im Verlag Harvest House Publishers, USA

ISBN 3-87827-026-7

Postfach 2048, 7640 Kehl/Rhein
Umschlaggestaltung: Holler Design
Fotos: Peter Ruppert
Übersetzung: Sabine Thum
Satz: Fotosatzstudio Krieg, 7630 Lahr
Druck: St. Johannis-Druckerei, 7630 Lahr

Einem Mann, der während unseres ganzen bisherigen Ehelebens „über meine Fehler hinweggesehen und meine Bedürfnisse gesehen hat". Einen Mann wie dich, der darauf gewartet hat (und in einigen Fällen noch immer darauf wartet), daß Gott mich formt und prägt, trifft man selten. Dieses Buch ist meinem Gefährten, Führer und besten Freund, Frank Wilson, gewidmet.

Inhalt

Vorwort

Ich kenne Bunny Wilson, seit sie Christ ist. Ich habe erlebt, wie sie zu Christus kam und im Glauben wuchs. Als sie mir erzählte, daß sie ein Buch über Unterordnung schrieb, lobte ich Gott, da ich wußte, daß das Buch Männern und Frauen helfen würde, eine biblische Sicht von Unterordnung zu gewinnen.

Nachdem ich das Buch gelesen hatte, war ich zutiefst gesegnet (Sie werden es auch sein), als ich sah, wie der Heilige Geist Bunny befähigte, dieses Buch zu schreiben. Dies ist möglicherweise das beste Buch über den Gedanken des Sich-einander-Unterordnens, da es sich nicht nur mit der Rolle der Ehefrau befaßt, sondern auch mit der Verantwortung des Ehemannes, Vaters, Geschäftsmannes, Kirchenmannes, des Unverheirateten und jedes anderen Menschen.

Dieses Buch beschreibt, wie Unterordnung „funktioniert", ihre Dynamik und wie sie – würde sie praktiziert – unserer Welt Freude und Glück bringen könnte. Es ist ein sehr ehrliches Buch, denn Bunny zögert nicht, ihre eigenen Fehler zu bezeugen. Es ist von Prinzipien der Schrift durchwoben und besitzt einen Humor, den ich wirklich genoß. Dies ist ein Buch zum Kaufen, Lesen und Anwenden – und zum Teilen mit denen, die wir lieben.

Dr. E.V. Hill; Mt. Zion Missionary Baptist Church; Los Angeles, California

Einleitung

Als ich begann, auf Konferenzen über das Thema „Unterordnung" zu sprechen, war die Reaktion überwältigend. Viele Männer und Frauen sagten: „Ich bin so froh, daß Sie erklärt haben, was Unterordnung wirklich ist. Ich würde mich freuen, wenn Sie es auch in unserer Gemeinde vortragen könnten." Es kamen so viele Anfragen, daß ich zum Herrn schrie. Ich sagte ihm, daß ich wolle, daß Menschen das Prinzip der Unterordnung verstehen, daß ich aber andererseits meine Familie nicht zuviel allein lassen wolle. Zu diesem Zeitpunkt machte er mir deutlich, daß ich ein Buch schreiben sollte. Das war vor zehn Jahren.

Nachdem ich das erste Kapitel geschrieben hatte, blieb es sieben Jahre in einer Schublade liegen, während ich den Herrn zu überzeugen versuchte, daß ich kein Buch schreiben könne. Ich hatte ja schließlich keine Erfahrung, keine akademische Ausbildung und war kein Buchautor. Er machte mir schließlich klar, daß ich recht hatte! Ich war kein Autor; er war der Autor, und ich der Koautor.

Ich habe wenige Frauen getroffen, die es mit meinem trotzigen, widerspenstigen und rebellischen Charakter aufnehmen konnten. Einige der Geschichten in diesem Buch bezüglich meiner Ehe, die heute amüsant wirken mögen, waren schmerzlich und schwierig, als sie sich ereigneten. Damit ich das Prinzip der Unterordnung verstehen konnte, brauchte ich jemanden, an dem ich üben konnte. Dieser Jemand war mein Ehemann.

Dieses Buch ist das Ergebnis der Jahre, die Gott benötigte, um mich das Prinzip der Unterordnung zu lehren. Viele Tränen wurden als Folge meiner Widerspenstigkeit und Rebellion vergossen, während ich trotzig vor dem Herrn stand. Der Prozeß ist noch nicht abgeschlossen. Trotzdem ist es ein großartiges Gefühl zu wissen, auf dem richtigen Weg zu sein, in die richtige Richtung zu gehen. Wollen Sie nicht mitkommen?

1

Ich heirate nie

Um ein prächtiges Feuerwerk zu genießen, können Sie entweder geduldig auf Silvester warten oder vor einer Gruppe von Frauen das Wort Unterordnung erwähnen! Ihre verbale Reaktion ist wahrscheinlich ebenso explosiv und „farbenprächtig" wie die schönste Feuerwerksrakete oder Wunderkerze, die man je zu sehen hoffen kann. Wenige Worte rufen solch eine kontroverse Reaktion hervor wie das Wort „Unterordnung".

Vor meiner Bekehrung zum christlichen Glauben war ich Atheist und hatte kaum Kenntnis von der Bibel. Als junge Gläubige entdeckte ich eines Tages eine Bibelstelle, die lautete: „Ihr Frauen, ordnet euch euren Männern unter wie dem Herrn" (Epheser 5, 22).

Mein erster Gedanke war: „Warum hat Gott ein gutes Buch mit einem Vers wie diesem verpfuscht?"

Vor meinem geistigen Auge sah ich mich plötzlich zehn Schritte hinter meinem Ehemann herlaufen oder – während er sich geruhsam zurücklehnte und meine Meinungen im Keim erstickte – gehorsam Weintrauben in seinen Mund fallen lassen, und jedem seiner Wünsche zu Diensten stehen.

Mein Mann Frank war andererseits der Ansicht: Unterordnung sei eine großartige Idee! Er erinnerte mich häufig daran, daß sich viele unserer Probleme förmlich in Luft auflösen würden, wenn ich mich einfach unterordnen und ihn nicht länger „herausfordern" würde.

Damals glich nur eine andere Erfahrung meiner emotionalen Reaktion auf den Gedanken der Unterordnung. Das war die Übelkeit am Morgen, die mich während meiner Schwangerschaft plagte!

Ist Gott ungerecht?

Dies war nicht das erste Mal in meinem Leben, daß Gott mir unfair und ungerecht erschien. Bevor ich ihn kennenlernte, schaute ich häufig in das Gesicht meiner gerade elf Monate älteren Schwester Lizzie. Sie ist blind und geistig behindert. Wie oft sagte ich mir: „Sicher würde kein Gott der Liebe solch eine Tragödie zulassen!" Diese Denkweise führte zu meiner Schlußfolgerung, daß es keinen Gott gibt.

Im Lauf der Jahre dachte ich, ich hätte mich davon überzeugt, daß Gott nicht existiert. Aber in Wirklichkeit befragte ich ständig Leute, die an ihn glaubten. Meine Neugier bezüglich ihres Glaubens war unersättlich. Heute weiß ich, daß ich nie ein richtiger Atheist war. Ich war statt dessen einfach ein Mensch, der die leichteste Lösung akzeptierte, wenn er nicht in der Lage war, die schwierigsten Fragen des Lebens zu beantworten. Anstatt mich Gottes Souveränität unterzuordnen, hatte ich es vorgezogen, seine Existenz zu verneinen.

Vor nicht allzu langer Zeit, als ich meinem Mann bei einer Konferenz für Ehepaare zuhörte, wanderten meine Gedanken zurück zu unserer ersten Begegnung. Frank war ein Freund meiner Schwester Eleanor, und ich lernte ihn kennen, als er versuchte, mir das Tennisspielen beizubringen.

Damals stieg Frank als Schallplattenproduzent und Texter in der Musikindustrie die Erfolgsleiter in rasantem Tempo nach oben. Er hatte Songs wie „You've Made Me So Very Happy", I'm Gonna Make You Love Me", „Love Child" und „Keep On Truckin'" geschrieben und produziert – Songs, die von Stars wie Diana Ross, Stevie Wonder und Blood, Sweat and Tears gesungen wurden.

Franks Melodien hatten mehr als 20 Gold- und Platinschallplatten sowie verschiedene andere Auszeichnungen eingebracht. Als wir uns begegneten, war Frank gerade die Nummer Eins als Schallplattenproduzent in großen Teilen Europas und die Nummer Vier in den Vereinigten Staaten und der „Produzent des Jahres" gewesen.

Eine der Eigenschaften, die mich am meisten anzogen, war seine Bescheidenheit im Rampenlicht des Erfolgs. In seiner sehr nüchternen und feinfühligen Art erinnerte er mich an meinen Vater, der mir in meiner frühen Kindheit ein wunderbares Vorbild für Liebe gewesen war. Vier Wochen nach meiner ersten Verabredung mit Frank waren wir verheiratet. (Dies würde ich heute ohne voreheliche Beratung nicht mehr tun!)

Als Frank mir einen Heiratsantrag machte, sagte ich ihm, daß ich ihn unter einer Bedingung heiraten würde: daß ich immer die Freiheit hätte, meinen Beruf auszuüben. Damals war ich einer der ersten weiblichen Vertreter von Xerox. Ich hatte die Stelle ohne vorherige Verkaufserfahrung bekommen, was bei dieser internationalen Firma noch nie dagewesen war.

Schon Monate vorher war ich entschlossen gewesen, für Xerox zu arbeiten. Obwohl verschiedene Personen mir gesagt hatten, daß ich niemals eingestellt würde, bekam ich einen Termin mit dem Manager. Ich hatte Glück! Am Tag, als ich zu meinem Vorstellungsgespräch eintraf, hatte gerade seine Sekretärin gekündigt. Er sah meinen Lebenslauf durch. „Danke", sagte er, „aber ich kann Sie unmöglich einstellen. Sie haben überhaupt keine Erfahrung im Verkauf!"

„Ich mache Ihnen ein Angebot", sagte ich. „Sie haben gerade Ihre Sekretärin verloren, und das bedeutet, die Produktivität steht in Gefahr zu sinken. Ich bin eine der besten Sekretärinnen, die Sie je finden könnten. Lassen Sie mich zwei Wochen bei minimaler Bezahlung für Sie arbeiten. Wenn Sie nach den zwei Wochen nicht der Ansicht sind, daß ich als Vertreterin ein Gewinn für Ihre Firma bin, werde ich Ihr Büro nicht mehr betreten."

Nach zwei Wochen war ich Vertreterin bei Xerox. Ich blieb die ganze Zeit über, die ich bei ihnen arbeitete, einer ihrer besten Außendienstmitarbeiter. Ich kann mich noch daran erinnern, wie ich es genoß, als Frau in einer Männerwelt zu arbeiten. Ich war dynamisch, entschlossen und sehr direkt. Ich war mit 18 von zu Hause weggegangen, war alleine 2500 Meilen weggezogen und dachte, ich hätte alles unter Kontrolle.

Dann wachte ich plötzlich in Las Vegas auf, wo ich ein ganz neues Leben als Frank Wilsons Braut begann!

Die erste Zeit unserer Ehe war, gelinde gesagt, eine Herausforderung. Gerade ein Jahr nach unserer Hochzeit nahm ich

Christus in mein Leben auf, und Frank gab ihm neu sein Leben hin. Meine Gesinnung, der Gesinnung Christi anzupassen, war für mich außerordentlich schmerzhaft, denn ich erkannte, daß ich ihm einige meiner kostbarsten Schätze überlassen sollte: meinen Stolz, meine Streitlust, Rebellion und Widerspenstigkeit.

Als junge Ehefrau und Mutter sowie als junger Christ war ich darauf bedacht, biblische Lösungen für alltägliche Herausforderungen zu entdecken. Ich stellte fest, daß ich intellektuell und emotional mit einigen Wegen Gottes immer noch Schwierigkeiten hatte. Dies traf besonders für den Bereich der Unterordnung zu. Gegen mein besseres Wissen begab ich mich jedoch kopfüber in die „Rolle" der Unterordnung. Meine gutgemeinten Handlungen leitete ich von verzerrten Vorstellungen, die mir Fernsehshows, Zeitschriften und andere Menschen vermittelt hatten, ab. Ich war der Ansicht, daß ich langsam aber sicher vorankam und gute Fortschritte machte. Dann geschah etwas Unerwartetes.

Das Brautkleid

Eines Tages, als ich mit unserer kleinen Tochter in einem Einkaufszentrum Besorgungen machte, zog mich ein Schaufenster an, in dem ein wunderschönes Brautkleid ausgestellt war. Das Gedränge und die Geschäftigkeit um mich herum schienen aufzuhören. Ich konnte fast eine Orgel den Hochzeitsmarsch spielen hören! In Gedanken wurde ich blitzschnell 20 Jahre in die Zukunft versetzt, und ich stellte mir vor, wie meine winzige Tochter Launi zum Altar schwebte und dabei dieses wunderschöne Spitzenkleid trug.

Mit einem bewundernden Lächeln sagte ich zu dem hübschen, kleinen Mädchen an meiner Seite: „Denk' nur, eines Tages wirst du solch ein wunderschönes Kleid tragen."

„Ich heirate nie!" fauchte Launi.

Ich war außer mir! Wie konnte eine Sechsjährige so etwas sagen? Und vor allem, wie konnte *meine* Sechsjährige so etwas sagen? Mein schockiertes Spiegelbild im Schaufenster des Brautmodengeschäfts hätte eine Feministin dazu veranlaßt, zu einer stehenden Ovation auf die Beine zu springen und zu schreien: „Das habe ich dir gleich gesagt!"

Ich versuchte, den Zwischenfall zu verarbeiten, und dachte, daß Launi vielleicht von unserem langen Einkaufsbummel übermüdet war. Aber ein zweiter Blick auf ihr entschlossenes Gesicht sagte mir, daß sie sich bei ihrem Ausbruch einiges gedacht hatte.

Meine Gedanken wanderten zurück in meine eigene Kindheit, als auch ich einige endgültige Schlüsse bezüglich der Ehe gezogen hatte. Bis ich meinen Mann traf, war ich eine eingefleischte Junggesellin, die weder heiraten noch Kinder bekommen wollte. Als ich jedoch Frank begegnete, entdeckte ich Eigenschaften an ihm, die ich bei keinem anderen Mann gesehen hatte. Ich beschloß, den entscheidenden Schritt zu tun.

Während ich darum kämpfte, meine Fassung wiederzugewinnen, bat ich Launi zu wiederholen, was sie gesagt hatte. Ich hoffte, daß sie ein paar Worte durcheinandergebracht hatte. Sie schaute mich an und wiederholte entschieden: „Ich heirate nie!"

Natürlich war meine nächste Frage: „Warum?"

Launis Antwort änderte den Verlauf meines Lebens in bezug auf Unterordnung!

„Weil ich keinen Mann haben will, der mir sagt, was ich tun soll, so wie Papa dir sagt, was du tun sollst. Du mußt ihn wegen allem fragen, was du tun willst! Dir gefällt das nicht und mir auch nicht!"

Ich konnte nur zu meiner Verteidigung stottern: „Ich frage Papa nicht wegen allem. Ich bin heute ganz allein zum Einkaufszentrum gegangen, und ich habe ihn nicht gefragt!" Der angewiderte Ausdruck in ihrem Gesicht zeigte mir, daß ich nach Meinung meiner Tochter eine Heuchlerin war.

Dies war also das Endergebnis all meiner pflichtgetreuen Unterordnung! Ich hätte wissen müssen, daß es nicht funktionieren würde. Diese Sechsjährige hatte all mein Lächeln und meine Unterwerfung durchschaut. Ich fühlte mich, als ob ich mich jahrelang in einer dunklen Höhle versteckt hätte, und plötzlich und überraschend ans Sonnenlicht gezerrt worden wäre.

Wie die Mutter, so die Tochter

Ein weiterer Zwischenfall am gleichen Tag ließ meine unterwürfige Fassade weiter abbröckeln. Als Launi durch die Küche ging, ermahnte ich sie, hinaufzugehen und ihr Zimmer sauberzumachen. Sie ließ die Schultern sinken, warf den Kopf zurück und stieß einen langen Seufzer aus: „Oh, Mama!"

Ärgerlich griff ich nach ihrer Schulter, drehte sie ziemlich schroff zu mir herum und rief aus: „Kleines Fräulein, wenn ich dich auffordere, etwas zu tun, dann möchte ich nicht nur, daß du gehorchst, sondern auch, daß du es mit der richtigen Einstellung erledigst!"

Wie ließ der Herr diese Worte in meiner Seele widerhallen! Die richtige Einstellung? Sie hatte mich zahllose Male in der gleichen Weise reagieren sehen. Launi handelte einfach wie ihre Mutter!

Ich begann, mich an einige kleine Anspielungen, die sie früher gemacht hatte, zu erinnern. Hin und wieder stellte sie mir eine Frage, nachdem mich Frank gebeten hatte, etwas zu tun. Sie nahm meine Hand und fragte: „Mama, bist du verrückt?" Ich schaute sie dann ein wenig verwirrt an und fragte mich, warum sie mir eine solche merkwürdige Frage stellte. Ich erkannte nicht, daß sie, obwohl ich stets eine äußere Rolle täglicher Unterordnung gespielt hatte, den Groll, der mir über das ganze Gesicht geschrieben war, ablesen konnte.

Warum Unterordnung?

In meinem Innern tauchte eine Flut von Fragen auf. Ich fragte mich: „Wenn es im Himmel keine Ehe gibt, weder Männer noch Frauen, warum wies Gott der Frau die unfaire Rolle der Unterordnung zu? Warum gab er uns Frauen Einsicht, intuitive Fähigkeiten und Intelligenz, wenn wir sie nicht benutzen sollen?"

So quälend diese Fragen auch waren, ich hatte doch lange genug mit dem Herrn gelebt, um zu wissen, daß Lukas 11, 9 wahr ist: „Bittet, so wird euch gegeben; suchet, so werdet ihr finden; klopfet an, so wird euch aufgetan."

Und ob ich fragte! Ich begann, viele Frauen zu befragen. Und die ständig negative Antwort auf die Frage: „Was denken Sie über Unterordnung?" hätte in das Guinness Buch der Rekorde eingehen können! Einige der Frauen glaubten ehrlich, daß die Bibel recht hatte, und sagten: „Ja, man sollte sich unterordnen." Aber sie ordneten sich genauso wie ich unter – mit dem Kopf, nicht aber mit dem Herzen.

Die Küche

Eine andere Begebenheit, die mich schockierte und mich daher veranlaßte, um so aggressiver nach Antworten zu suchen, ereignete sich in meiner Küche während des Besuchs einer guten Freundin.

Ich regulierte die Gasflamme unter dem Hähnchen und begann, den Reis in das kochende Wasser zu rühren. Und ich bemerkte aus dem Augenwinkel, daß meine Freundin mit verschränkten Armen am Küchentisch lehnte.

Sie schien nicht müde zu sein von ihrer Überlandfahrt. Wie tadellos sie gekleidet war! Ihre gepflegten Nägel und ihre geschmackvolle Frisur wiesen auf eine erfolgreiche Karrierefrau hin. Sie hatte eine Pause von ihrem anstrengenden Terminkalender eingelegt, um sich bei uns zu entspannen.

Ich drehte mich zu ihr um und sah sie lächeln. „Worüber lächelst du?" mußte ich fragen.

„Oh, es ist einfach amüsant, eine Frau aus dem wirklichen Leben zu sehen, in einer wirklichen Küche, die in einem Topf herumrührt. Ich meine, du siehst so aus, wie ich es in Büchern gelesen habe." In ihrer Stimme war eine Spur Sarkasmus.

„Nun", antwortete ich ebenso sarkastisch, „es ist eine blöde Arbeit, doch jemand muß sie tun." Dann konnte ich nicht widerstehen. Ich mußte ihr *die* Frage stellen: „Was ist deine Meinung über Unterordnung?"

Meine Freundin war zwar Christ, aber noch jung im Glauben. Sie stemmte ihre Hände in die Hüften, stieß sich vom Küchentisch weg und wurde so steif, als ob jeder Nerv ihres Körpers plötzlich angespannt worden wäre. Sie starrte mich dermaßen trotzig an, daß mir die Nackenhaare zu Berge standen. Ich ließ den Löffel in den Reis fallen und wunderte mich, als sie fest entgegnete: „Unterordnung war ein Brauch des Alten Testaments. Es war eine Methode, um Frauen unterdrückt zu halten, und gilt weder für das zwanzigste noch für die kommenden Jahrhunderte!"

Ich war erstaunt über ihre heftige, herablassende Reaktion. Als sie uns verließ, begann ich, Gott ernsthaft zu fragen: Warum gibt es so viele wütende Reaktionen zum Thema Unterordnung? Warum der Ärger und die Rebellion?

Ich war schon immer von solchen dynamischen Persönlichkeiten wie Patricia Richardson, Vonette Bright und Beverly LaHaye beeindruckt gewesen. Sie waren mit der Herausforderung der Unterordnung klargekommen – es war in ihren Gesichtern, Worten und Handlungen sichtbar. Wie mich danach verlangte, die Wahrheit hinter diesem nicht zu fassenden Prinzip zu erkennen. Ich spürte irgendwie, daß Gottes Macht darin verborgen war!

Über einen Zeitraum von weiteren vier Jahren stellte ich fest, daß Gott bereit und in der Lage war, mir zu antworten. Aber indem ich mich anstrengte, die Ziellinie des Verstehens zu überschreiten, mußte ich viele „Hürden" überspringen. Einige schwerwiegende Fragen behinderten meinen Fortschritt:

- Muß ich mich allem unterordnen, was mein Mann möchte?
- Betrifft Unterordnung nur verheiratete Frauen?
- Was ist, wenn ich eine bessere Ausbildung, eine bessere Arbeitsstelle habe und mehr Geld verdiene, als derjenige, der die Autorität hat?
- Bedeutet Unterordnung, daß ich meine Meinung nicht äußern darf?
- Habe ich eine Wahl, wenn ich sicher bin, daß derjenige, der die Autorität hat, die falsche Entscheidung getroffen hat?

Als diese und Dutzende anderer Fragen in meinem Kopf herumwirbelten, hörte ich eine Geschichte, die meine Gedanken wieder einmal auf den wirklichen Schuldigen hinter unserem Dilemma der Unterordnung lenkte.

Der Cocker und der Kampfhund

Man erzählte mir die folgende wahre Geschichte. Ein Mann namens Tom besaß einen Hund, eine Kreuzung zwischen einem Cockerspaniel und einem Pudel. (Ich will ihn hier Cocker nennen.) Da er einen zweiten Hund wollte, kaufte er einen Kampfhundwelpen, der zu diesem Zeitpunkt in seine Handfläche paßte.

Dem Cocker gefiel es natürlich nicht, daß er die Aufmerksamkeit seines Herrchens mit dem Kampfhund teilen mußte. Er forderte den kleinen Hund heraus und biß ihn ständig. Ein Kampfhund ähnelt übrigens in der äußeren Erscheinung und im Körperbau einem Boxer und ist dafür bekannt, daß er ein heftiger Kämpfer ist und große Kraft in den Kiefern hat.

Selbst als der Kampfhund voll ausgewachsen und doppelt so groß wie der Cocker war, gab der winzige Hund mit dem lauten Gebell erstaunlicherweise immer noch den Ton an.

Eines Tages, als der Cocker im Hof herumtobte, verwickelte er sich im Gartenschlauch, der zu dem Zeitpunkt gerade angestellt war. Sein dichtes Fell verflocht sich. Als Tom mit dem Hund zum Hundefriseur ging, sagte man ihm, daß es notwendig sei, den Hund ganz zu scheren.

Am nächsten Tag holte Tom seinen Cocker wieder ab, der es kaum abwarten konnte, wieder in sein Herrschaftsgebiet zurückzukehren. Als sie vor dem Haus anhielten, sprang der Cocker aus dem Auto und stolzierte durch das Tor, als ob er verkünden wollte: „Der König ist wieder zu Hause!"

Der Kampfhund, der in einer Ecke schlief, öffnete erst ein Auge und dann das andere. Er erhob sich und starrte auf den mageren, kahlgeschorenen Hund, der um das Haus herum stolzierte. Er erkannte den Cocker nicht! Ahnen Sie, was passierte? Da der Kampfhund ihn nicht erkannte, griff er seinen früheren Quäler an und tötete ihn beinahe!

Als ich über die Frage der Unterordnung nachdachte, konnte ich erkennen, daß Satan ein besiegter Feind ist, der, genauso wie der Cocker, immer noch versucht, „wie der Echte" herumzustolzieren. Wie sehr er auch versuchen mag, uns zu täuschen, die Macht Jesu steht zu unserer Verfügung, wenn wir Satan in seiner Maskerade entgegentreten!

Im wesentlichen hat dieses Buch einen zweifachen Zweck: Es soll erstens die Taktik Satans enthüllen, die er anwendet, um die Bedeutung der Unterordnung zu degradieren und abzuwerten, und zweitens die Macht veranschaulichen, die uns zur Verfügung steht, um über ihn zu siegen.

Beim Lesen denken Sie vielleicht: „Wenn mein Mann nur dies täte, würde ich das tun..." Ich wünschte, ich hätte einen Dollar für jede verheiratete Frau, die mir gesagt hat: „Ich würde mich meinem Mann unterordnen, wenn er mich so lieben würde, wie Christus die Gemeinde liebt" oder für jeden verheirateten Mann, der gesagt hat: „Wenn meine Frau sich mir unterordnen würde, wäre ich ein besseres Familienoberhaupt."

Meine Kinder Tracey, Launi, Fawn und Christy Joy sind ein unerschöpfliches Beispiel für diese Denkweise. Ich kann mich kaum erinnern, daß sie auf einen Verweis hin je mit: „Mama, du hast recht. Ich habe einen Fehler gemacht. Vergib mir", geantwortet hätten. Gewöhnlich höre ich: „Das hast du zu Fawn nicht gesagt" oder: „Und was ist mit Launi und Christy?" So oft deuten wir vorwurfsvoll auf eine andere Person, anstatt die volle Verantwortung für unsere Taten zu übernehmen.

Gott hatte im Garten Eden einige Fragen gestellt, um zu erfahren, was dort geschehen war. Als Antwort gab Adam Eva die Schuld. Eva gab der Schlange die Schuld. Die Schlange glitt weg, um jemanden anderen zu suchen, dem sie die Schuld geben konnte.

Sie werden den größten Nutzen von diesem Buch haben, wenn Sie beim Lesen nur an sich und an Ihre eigene Verantwortung denken. Vergessen Sie nicht, wenn wir vor dem Richterstuhl stehen werden, um unseren Lohn zu empfangen, werden wir dort ganz allein sein. Jesus sagte: „Siehe, ich komme bald und mein Lohn mit mir, einem jeden (Mann oder Frau) zu geben, wie seine (ihre) Werke sind" (Offenbarung 22, 12).

Ich möchte Ihnen einige wunderbare Prinzipien mitteilen, die ich gelernt habe. Gottes Plan für die Unterordnung ermöglicht uns Befreiung statt Gefangenschaft, Erlösung statt Versklavung, Rechtfertigung statt Verdammnis.

Viel zu lange sind Frauen und Männer bezüglich der Unterordnung von Mythen und Irrtümern umgeben gewesen, von

Lügen, die ihr Leben in Frustration und Empörung gefangenhielten. Es ist mein größter Wunsch, daß Sie ein herrliches biblisches Prinzip verstehen, das uns unser liebender Gott geschenkt hat. Es ist mein inniges Gebet, daß Sie befreit werden – durch Unterordnung.

2

Der Berg namens Unterordnung

Als ich an einem frischen, windigen Herbstmorgen nach Hause fuhr, war ich von den majestätischen Bergen, die Pasadena (Kalifornien) umgeben, tief ergriffen. Sie schienen zum Greifen nahe zu sein. Ich schaute auf meine Dreijährige, die neben mir saß, und rief aus: „Christy, sind diese Berge nicht wunderschön?" Sie setzte sich aufrecht in ihrem Sitz, reckte den Hals, um aus dem Fenster sehen zu können, und sagte, indem sie sich zu mir umdrehte: „Wo, Mama?"

Ich dachte, sie mache Spaß, bis ich ihren verwirrten Blick sah. „Da – gerade vor dir", antwortete ich.

„Wo, Mama?" wiederholte sie.

Christy wußte nicht, was ein Berg ist! Ich suchte nach einer Beschreibung und fragte schließlich: „Siehst du die großen Haufen Schmutz vor dir?"

„Nein, Mama", antwortete sie.

Ich machte einen weiteren Versuch: „Siehst du diese Dinger, die gegen den blauen Himmel vorstehen?"

Christy kniff die Augen zusammen, spähte aus dem Fenster und antwortete: „Nein, Mama."

Die Berge schienen auf einmal nicht mehr so schön, als ich hilflos eine Beschreibung nach der anderen versuchte. Ich dachte, alle Hoffnung sei verloren, als ich um die Ecke bog, gerade bevor wir zu Hause ankamen. Da sah ich eine Bergspitze, die über eines der Häuser vor mir herausragte. Ich trat abrupt auf die Bremse.

„Christy", schrie ich, „siehst du das rote Auto in der Auffahrt vor uns?" Sie antwortete: „Ja".

„Siehst du das Haus hinter dem roten Auto?” fragte ich weiter. Sie nickte. Ängstlich sagte ich: „Siehst du diese Haufen, die hinter dem Haus vorragen?”

Sie rief aus: „Ja!”

Ich rief: „Christy, das ist ein Berg!”

Wir lachten beide, lehnten uns in unseren Sitzen zurück und seufzten vor Erleichterung.

Wie dumm dies auch erscheinen mag, Gott mußte mit mir auf die gleiche Weise handeln, als es um Unterordnung ging. Für mich ähnelte das Prinzip Unterordnung sehr diesen Bergen. Es war so einnehmend, daß es jede Beziehung, Situation und jeden Umstand im Leben umgab. Trotzdem ist es nicht ungewöhnlich, jemanden – wie auch ich es tat – sagen zu hören: „Ich kann Unterordnung nicht verstehen. Es ist schwierig für mich, sie in den Griff zu bekommen.” Es ist, als ob ein dichter Nebel ihre Existenz verschleiert.

Wie Christy saß ich eines Tages neben Gott, kniff die Augen zusammen und versuchte, den Berg zu sehen. Der Herr war so freundlich, mich auf einige grundlegende Prinzipien hinzuweisen, die mich schließlich zu einem tieferen Verständnis von Unterordnung – dem Wesen seiner Macht – führten.

Prinzip 1: Unterordnung betrifft jeden

Wenn ich vor Gruppen spreche, beobachte ich, wenn ich zum ersten Mal das Wort „Unterordnung” erwähne, in der Regel eine interessante Körpersprache. Die Männer entspannen sich, lehnen sich in ihren Stühlen zurück und lächeln. Sie sind *sooo* dankbar, daß eine Frau gekommen ist, die einige Dinge zurechtrücken will!

Die Unverheirateten zucken mit den Schultern, starren in die Luft und denken an etwas, was ihrer Meinung nach für sie relevanter ist.

Die verheirateten Frauen erstarren, graben die Fingernägel in die Handflächen und knirschen mit den Zähnen. Sie sind höflich, aber ärgerlich, daß sie solch einem unanwendbaren und falsch ausgelegten Thema ausgesetzt sind.

Für die meisten Zuhörer ist es gewöhnlich ein Schock, wenn sie erfahren, daß Unterordnung jeden betrifft. Wir sind alle dazu aufgerufen, uns unterzuordnen!

„Ordnet euch *einander* unter" (Epheser 5, 21).

„Desgleichen, ihr Jüngeren, ordnet euch den Ältesten unter. Alle aber miteinander haltet fest an der Demut; denn Gott widersteht den Hochmütigen, aber den Demütigen gibt er Gnade" (1. Petrus 5, 5).

Nun, seien wir ehrlich. Wann hörten Sie das letzte Mal jemanden sagen: „Er ist ein Mann, der sich gerne unterordnet" oder „Sie ist solch eine Ledige, die sich gerne unterordnet"? Nach allgemeiner Ansicht ist Unterordnung kein Begriff, der für Männer oder Unverheiratete verwendet wird. Ironischerweise wissen die meisten von uns nicht, warum. Die Propaganda ist so subtil, daß wir noch nicht einmal wissen, wie wir zu der Schlußfolgerung kamen, daß Unterordnung nur verheiratete Frauen betrifft. Wir haben uns der Vorstellung der Welt angepaßt, indem wir ihre Ansichten akzeptierten. Wir haben es uns allzu bequem gemacht, indem wir uns kostümierten und Rollen spielten, die Gott nie für uns vorgesehen hat.

Der Gorilla

Eines Tages verlor ein Mann mit großen Schulden und Verpflichtungen seine Arbeitsstelle. Verzweifelt durchforschte er die Zeitung nach einem Stellenangebot. In der Ecke der zweiten Seite las er: „Beliebter Gorilla stirbt im lokalen Zoo." Er klemmte sich die Zeitung unter den Arm und eilte zum Zoo.

Dort machte der Mann den Manager ausfindig, rannte zu ihm, packte ihn am Arm und sagte: „Schauen Sie, ich habe gerade gelesen, daß Sie ihr beliebtestes Tier hier im Zoo verloren haben."

Der aufgeschreckte Manager nickte traurig.

„Nun, ich habe eine Idee", fuhr der Mann fort. „Sie brauchen einen Gorilla, und ich brauche einen Job. Lassen Sie mich ein Gorillakostüm besorgen und die Stelle übernehmen. Ich tue es eine Woche lang ohne Lohn. Wenn es klappt, habe ich einen Job und Sie einen Gorilla!"

Der Manager schob seinen Hut nach hinten, zog eine Augenbraue hoch und murmelte beim Weggehen: „Gehen Sie und versuchen Sie es."

Ob Sie es glauben oder nicht, der Mann war ein Riesenhit in der ersten Woche! Die Menschenmenge war größer als je zuvor. Ihm machte es einen Riesenspaß! Er amüsierte sie mit unzähligen Tricks. Eines Tages bemerkte der Gorilla ein Seil, das in seinen Käfig hing. Er kletterte hoch auf einen Vorsprung und schwang sich über den Käfig hinaus. Die Leute jubelten und warfen Popcorn in die Luft.

Am nächsten Tag beschloß der Gorilla, waghalsiger zu sein. Er öffnete die Käfigtür und schwang hinaus über den Löwenkäfig. Der Löwe brüllte und sprang wild auf den Gorilla zu. Die Zuschauer schrien vor Aufregung!

Dies wurde einer seiner Lieblingstricks. Aber wie es der Zufall wollte, kam der Tag, als das Seil riß. Der Gorilla fiel platt auf sein Gesicht, vor den Löwen. Als er den Kopf hob, schaute er direkt auf das Maul des Löwen. Er sprang auf die Füße und begann zu schreien: „Hilfe! Hilfe!"

Der Löwe sprang schnell vor ihn hin und sagte mit einer leisen weiblichen Stimme: „Sei still, Idiot, oder wir verlieren beide unseren Job!"

Wir Menschen unterscheiden uns nicht so sehr von dem Löwen und dem Gorilla. Wir verkleiden uns geistig und emotional und verhindern dadurch, daß man erkennt, wer wir sind. Einige von uns haben sich schon so lange auf diese Weise gekleidet, daß wir bereits an den erfundenen Charakter, den wir portraitieren, glauben.

Als ich das erste Mal mein Kostüm öffnete und im Licht des Wortes Gottes stand, um herauszufinden, wer ich war, fühlte ich mich sehr unbehaglich. Dann begriff ich, daß Gott mir etwas von sich selbst geben wollte, das ich tragen sollte. Ich fand das in Matthäus 11, 28–30: „Kommt her zu mir, alle, die ihr mühselig und beladen seid; ich will euch erquicken. Nehmt auf euch mein Joch und lernt von mir; denn ich bin sanftmütig und von Herzen demütig; so werdet ihr Ruhe finden für eure Seelen. Denn mein Joch ist sanft, und meine Last ist leicht."

Wie frei, wie wahrhaft befreit sind wir, wenn wir unser Leben auf Gottes Art leben!

Es wäre vielleicht anders, wenn wir nur hin und wieder mit Unterordnung zu tun hätten. Es gibt jedoch nur wenige Zeitpunkte während des Tages, an denen wir nicht herausgefordert sind, „uns gerne zu beugen" oder uns Gottes Wort unterzuordnen. Es geschieht in fast jedem Bereich unseres Lebens.

Gottes Prinzip

Nachdem Oprah Winfrey dieses Buch gelesen hatte, lud sie Frank und mich in ihre Live-Sendung im Fernsehen ein. Ich war nervös beim Gedanken, zu Millionen Menschen über Unterordnung zu reden! Aber ermutigt durch den Heiligen Geist gingen wir. Es stellte sich heraus, daß wir es mit vier Paaren, die kurz vor der Hochzeit standen, zu tun hatten, und einem Studio, das gerammelt voll war.

Sowohl vor diesem Auftritt als auch vor einem anderen Interview in einer christlichen Fernsehsendung hatten wir darum gebeten, daß wahllos Personengruppen befragt wurden. Die Gruppen repräsentierten ein breites Spektrum von Rassen, Kulturen und Religionen. Es wurde die folgende Frage gestellt: „Was fällt Ihnen ein, wenn Sie das Wort ‚Unterordnung' hören?"

Die Antworten fielen ausnahmslos negativ aus. Die meisten waren der Meinung, Unterordnung sei gleichbedeutend mit unterwürfig oder unterlegen sein. Der allgemeine Eindruck war, daß eine sich unterordnende Person wie ein Fußabtreter behandelt würde. Es war besonders erstaunlich, daß sowohl Christen als auch Nichtchristen die gleichen Meinungen hatten.

Wenn Sie eine Gruppe von Christen fragen sollten: „Denken Sie, daß Jesus ein Schwächling war?", was wäre wohl Ihre oder deren Antwort? Sie würden sich wahrscheinlich beschweren, daß Sie keine absurdere Frage stellen hätten können. Jesus Christus führte jedoch ein Leben der völligen Unterordnung: „Er (der Vater) läßt mich nicht allein; denn ich tue allezeit, was ihm gefällt" (Johannes 8, 29).

Während wir in seine Fußstapfen treten, indem wir nach einer feststehenden Ordnung handeln, mögen diejenigen, die auf unser Leben schauen, unsere Entscheidungen in Frage stellen. Von außen gesehen erscheinen wir vielleicht ganz wie ein Fußabtreter. Aussagen wie: „Du mußt dich auf die eigenen Füße stellen und kämpfen!" oder: „Willst du dich ganz von ihnen unterdrücken lassen?" werden wir häufig zu hören bekommen. In unserem Inneren werden wir jedoch die Gewißheit haben, daß der Gott, der zugunsten Jesu eingegriffen hat, sich auch unserer Sache annehmen wird.

Viele Male wurde Jesus geschmäht, und er schalt nicht zurück. Er wurde beleidigt, verflucht und gedemütigt, ohne jemals Vergeltung zu üben. Schließlich starb er durch die Hände seiner Folterer. Und er starb bereitwillig. Warum halten wir ihn dann für mächtig? Weil wir das Ende der Geschichte kennen!

Wir wissen, daß er vom Grab auferstand, mit aller Macht in seinen von Nägeln durchgrabenen Händen. Jesus verstand die Stärke, die in dem Prinzip der Unterordnung liegt. Und die Schrift ermahnt uns: „Seid so unter euch gesinnt, wie es auch der Gemeinschaft in Christus Jesus entspricht" (Philipper 2, 5).

In der Sendung von Oprah Winfrey wurde mir die Frage gestellt: „Bunny, warum sagen Sie in Ihrem Buch, daß Unterordnung befreit?"

Ich antwortete: „Weil mich Unterordnung freigemacht hat."

Sie fragten dann: „Was bedeutet ‚Unterordnung'?"

„‚Unterordnung'", antwortete ich, „bedeutet, sich beugen – sich Menschen, Grundsätzen und Prinzipien beugen, die als Autorität in unser Leben gesetzt wurden... sich in eine bestimmte Ordnung einfügen und sich nach dem Willen, den Anweisungen eines anderen richten. Wir stehen ein Leben lang unter der Autorität von jemandem. Zu Hause sind es unsere Eltern; in der Schule die Lehrer oder der Rektor. Im Beruf ist es unser Arbeitgeber und in der Gemeinde der Pastor." Ich fuhr fort, indem ich ein Bild davon zeichnete, wie Unterordnung aussieht. „Stellen Sie sich für einen Moment zwei Fahrzeuge auf der Autobahn vor. Rechts fährt ein Sattelschlepper und links ein kleiner PKW. Sie fahren Seite an Seite, ungefähr 15 Minuten lang. Dann kommt ein Schild, das anzeigt, daß die zwei Spuren in eine münden. Aufgrund seiner Position muß sich der Sattelschlepper dem PKW beugen. Der Sattelschlepper ist stärker, größer und mächtiger. Er könnte sich seinen Weg erzwingen. Aber wenn er das täte, gäbe es einen Zusammenstoß. Und deshalb gibt der Sattelschlepper nach, und sie fahren hintereinander, bis die Spur sich wieder teilt und sie erneut Seite an Seite fahren können."

Nachdem ein Freund von uns die Sendung gesehen und meine Metapher gehört hatte, sagte er mir: „Das hättest du nicht sagen sollen, daß ich ein Kleinwagen und meine Frau ein Sattelschlepper ist!" Nachdem wir aufgehört hatten zu lachen, fuhr ich fort, ihm zu erklären, daß der Sattelschlepper die starken Gefühle, Meinungen und Emotionen repräsentiert, die wir haben, wenn wir mit jemandem, der die Autorität hat, nicht einverstanden sind – sei es ein Mann oder eine Frau.

Eine feststehende Ordnung

Unterordnung betrifft nicht nur Christen. Es ist ein universales Prinzip, ähnlich dem Gesetz der Schwerkraft oder der Regel, daß man erntet, was man gesät hat. Ob in Ihrer Gemeinde, Ihrer Familie, Ihrem Land oder an Ihrem Arbeitsplatz, überall entsteht ein größerer Friede, wenn Unterordnung und das Handeln nach einer feststehenden Ordnung praktiziert wird.

Wenn wir an einer neuen Arbeitsstelle anfangen, ist eines der ersten Dinge, die wir wissen wollen, wem wir verantwortlich sind. Wir beginnen, sofort eine Ordnung aufzustellen, die uns befähigt, effektiv zu arbeiten. Ein Manager, der erfolgreich sein möchte, wird ein Organigramm für seinen Betrieb erstellen, und ein großer Teil seines Erfolgs wird davon abhängen, wer strategische Machtpositionen einnimmt.

Steht die Autorität in einem Betrieb einmal fest, haben diejenigen, die die Macht ausüben, eine bestimmte Vorstellung. Eine Person, die die Autorität hat, steht nicht über einem Untergebenen, um sicherzustellen, daß er seine Arbeit ordnungsgemäß ausführt. Vorschläge von Angestellten sind gewöhnlich willkommen. In Fällen jedoch, wo sie nicht akzeptiert werden, wird von dem Angestellten dennoch erwartet, daß er eine gute und höfliche Haltung bewahrt, sich weiterhin voll einsetzt und der endgültigen Entscheidung unterordnet.

In der Geschäftswelt verstehen wir die Vorstellung, nach einer feststehenden Ordnung zu arbeiten. Aber häufig kommt es zum Kampf, wenn wir versuchen, sie in unseren Familien und Gemeinden anzuwenden. Das ist seltsam, da das Sich-einer-Führung-Beugen am sinnvollsten ist, wenn Christus die letzte Autorität innehat. Unterordnung funktioniert ganz bestimmt am besten, wenn Glaube ein Teil der Gleichung ist.

Prinzip 2:
Unterordnung + Glaube = Macht

Unterordnung ohne Glauben ist Sklaverei. Unterordnung mit Glauben ist Macht! Man braucht Vertrauen, um zu glauben, daß Gott eine Beziehung, Situation oder einen Umstand korrigiert, wenn alle äußeren Anzeichen auf das Gegenteil deuten. „Denn wir wandeln im Glauben und nicht im Schauen" (2. Korinther 5, 7).

Durch die ganze Bibel werden wir von Gott ermahnt, uns denen unterzuordnen (untertan zu sein), die die Autorität haben:

- Jeder muß sich Gott unterordnen. „So seid nun Gott untertan" (Jakobus 4, 7).
- Jeder muß sich der Gemeindeleitung unterordnen. „Gehorcht euren Lehrern und folgt ihnen, denn sie wachen über eure Seelen – und dafür müssen sie Rechenschaft geben –, damit sie das mit Freuden tun und nicht mit Seufzen; denn das wäre nicht gut für euch" (Hebräer 13, 17).
- Jeder muß sich der Obrigkeit unterordnen. „Seid untertan aller menschlichen Ordnung um des Herrn willen, es sei dem König als dem Obersten oder den Statthaltern als denen, die von ihm gesandt sind zur Bestrafung der Übeltäter und zum Lob derer, die Gutes tun. Denn das ist der Wille Gottes" (1. Petrus 2, 13-15).
- Jeder muß sich Arbeitgebern unterordnen. „Ihr Sklaven, ordnet euch in aller Furcht den Herren unter, nicht allein den gütigen und freundlichen, sondern auch den wunderlichen" (1. Petrus 2, 18).

– Frauen müssen sich ihren Männern unterordnen. „Ihr Frauen, ordnet euch euren Männern unter wie dem Herrn" (Epheser 5, 22).

Egal, ob wir Männer oder Frauen sind, wenn die Autoritätspersonen anderer Meinung sind als wir, haben wir das Recht, unsere abweichende Meinung in Liebe auszudrücken. Ich glaube sogar, wir haben die Verantwortung, unsere Gedanken und Ideen mitzuteilen, indem wir „wahrhaftig sind in der Liebe" (Epheser 4, 15), und sollten dies, wenn immer es möglich ist, tun. Aber unsere Haltung soll demütig sein, und die endgültige Entscheidung liegt bei denen, die die Autorität haben!

Aber was tun, wenn wir absolut sicher sind, daß wir recht haben? Wenn wir wissen, daß ihre Entscheidung eine negative Auswirkung auf die Gemeinde, die Arbeit oder die Familie haben wird? An diesem Punkt müssen wir eine Wahl treffen. Wir können so reagieren, daß wir weiter auf unserem Argument beharren und etwas erzwingen wollen, was häufig zu Ärger und Streit führt, oder wir wenden uns Philipper 2, 14–15 zu: „Tut alles ohne Murren und ohne Zweifel, damit ihr ohne Tadel und lauter seid, Gottes Kinder, ohne Makel mitten unter einem verdorbenen und verkehrten Geschlecht, unter dem ihr scheint als Lichter in der Welt."

Geben wir also einfach auf? Nein! Da zögen wir uns vorschnell zurück. Wir sollen nicht aufgeben, sondern die Situation Gott abgeben! Gott ist der ausgleichende Faktor in allen Situationen. Wir müssen uns entscheiden, gegen unsere menschliche Natur zu handeln, die darauf besteht, daß sie ihren Willen bekommt. Dann, wenn wir uns einmal entschlossen haben, in dieser Situation Glauben zu üben, wird Gottes Macht freigesetzt.

Manchmal löst Gott das Problem schnell; ein anderes Mal brauchen wir Geduld, bis wir sehen, daß sich die Situation klärt. Und wir müssen immer im Gedächtnis behalten, daß die andere Person ebenso recht haben kann. Falls ja, wird Gott dies auch offenbaren.

Nur, wie geht Gott mit Menschen um, die die Autorität haben und es vorziehen, unseren Vorschlägen entgegen zu handeln? Wir finden die Antwort in Sprüche 21, 1: „Des Königs Herz ist in der Hand des Herrn wie Wasserbäche; er lenkt es, wohin er will."

In einem Bibelkommentar (The Matthew Henry Commentary) wird es so erklärt: „Selbst die Herzen der Menschen sind in Gottes Hand. Gott kann die Meinungen der Menschen ändern, kann sie abbringen von dem, was sie fest beabsichtigten, ebenso wie der Farmer das Wasser durch Kanäle und Rinnsteine durch sein Land lenkt, was weder die Natur des Wassers ändert noch ihr Gewalt antut; genauso wenig tut Gottes Vorsehung dem Willen des Menschen Gewalt an, sondern lenkt ihn, so daß er seinen eigenen Zwecken dient."[1]

Gott würde liebend gerne die Beziehungen, Situationen und Umstände in unserem Leben in Ordnung bringen, weil wir seine Kinder sind und er uns liebt. Wir sind es jedoch, die sein Handeln verhindern. Wir binden seine Hände mit Seilen der Rebellion und Widerspenstigkeit. Im Alten Testament lesen wir: „Denn Ungehorsam ist Sünde wie Zauberei, und Widerstreben ist wie Abgötterei und Götzendienst" (1. Samuel 15, 23).

Wenn wir uns Menschen widersetzen, die in die Verantwortung gestellt sind, sagen wir in Wirklichkeit, daß die Situation nicht gelöst werden kann, wenn wir nicht eingreifen. Wir spielen Gott.

Wenn wir zu Gott gehen und sagen: „Vater, ich denke, diese Person hat unrecht, aber ich vertraue dir, daß du ihr (oder ihm) zeigst, was richtig ist und sie änderst", setzt dieser einfache Akt des Glaubens seine Macht frei, so daß sie uneingeschränkt für uns handeln kann. Wir können auch beten: „Herr, wenn sie sich in ihrer Sturheit weigern, sich deiner Führung unterzuordnen, weiß ich, ich kann mich darauf verlassen, daß du den Ausgang berichtigen kannst, egal, worum es sich handelt!"

„So demütigt euch nun unter die gewaltige Hand Gottes, damit er euch erhöhe zu seiner Zeit" (1. Petrus 5, 6).

Sobald wir die Angelegenheit Gott anbefohlen haben, befreit uns unser Vertrauen zu ihm dazu, mit der sich uns entgegenstellenden Person ohne Murren und Streit umzugehen. Ist der andere im Unrecht, wird Gott beginnen, es ihm zu zeigen, durch Wege und Mittel, die nur ihm bekannt sind. Während wir vielleicht jede Nacht acht Stunden fest schlafen, wälzt sich der andere Mann oder die Frau in einem zerknitterten Bett hin und her.

---

[1] Reverend Leslie F. Church, Ph. D., ed., Matthew Henry Commentary (Grand Rapids, MI: Zondervan, 1961), S. 770.

Wir brauchen einen kindlichen Glauben, um darauf zu vertrauen, daß Gott mit jeder Person, Debatte oder jedem Umstand umgehen kann. Wenn wir uns entscheiden, uns unterzuordnen, können wir leicht verstehen, warum Gott sagt, wenn wir nicht werden wie die Kinder, werden wir nicht in das Reich Gottes kommen.

Prinzip 3: Unterordnung + Macht = Befreiung

Möglicherweise sind Sie gerade über bestimmte Personen in Ihrem Leben enttäuscht. Oder Sie sind ärgerlich über Spannungen, die über Meinungsverschiedenheiten entstanden sind. Oder Sie machen sich über den Ausgang von Situationen Sorgen, in denen Sie auf die Kontrolle verzichten mußten. Könnte es sein, daß sich eine subtile Haltung der Rebellion in Ihre Gedanken einschleicht?

Wenn ja, betrachten Sie Jesus. Er ist immer unser bestes Vorbild für Unterordnung. Wir wissen, daß er häufig wegging, um zu seinem Vater zu beten. Denken Sie, er ging nur, um Befehle zu empfangen, über das, was er als nächstes tun sollte? Markus 14, 36 offenbart, daß Jesus sowohl sein Herz ausschüttete als auch sich der endgültigen Autorität des Vaters beugte. „Abba, mein Vater, alles ist dir möglich; nimm diesen Kelch von mir; doch nicht, was ich will, sondern was du willst!"

Jesus wußte nur zu gut über das Leiden Bescheid, mit dem er bald am Kreuz konfrontiert sein würde. Obwohl er Angst hatte, ordnete er sich jedoch der endgültigen Entscheidung seines Vaters unter. Es ist eine ehrfurchtgebietende Lektion in Unterordnung, wenn uns klar wird, daß unsere persönliche Rettung auf der Unterordnung Jesu beruht.

Was wir nicht wissen, kann uns auch verletzen

Ein Richter sagte einmal: „Unkenntnis des Gesetzes schützt uns nicht vor der Strafe des Gesetzes."

Nehmen wir an, Sie fahren mit 50 km/Std durch eine Stadt. Sie werden von einem Polizisten angehalten, der Ihnen mitteilt, daß die Geschwindigkeitsbegrenzung in dieser Straße 30 km/Std ist. Ich habe ernsthafte Zweifel, daß er als Entschuldigung: „Es tut mir leid. Das wußte ich nicht" akzeptieren würde.

Und wenn Sie beschlössen, den Strafzettel anzufechten, und vor dem Richter mit der Entschuldigung ständen: „Ich wußte nicht, daß die Geschwindigkeit hier begrenzt ist", können Sie ziemlich sicher sein, daß er antworten würde: „Wenn Sie Auto fahren, ist es Ihre Verantwortung, auf die Schilder und auf die Geschwindigkeitsbegrenzung zu achten."

Viele von uns haben ihr Leben damit verbracht, Gottes Prinzip der Unterordnung zu verletzen. Wir haben eine Flut von Strafzetteln bekommen und haben keine Ahnung, wie oder wo wir sie bezahlen sollen. Einige davon sind so alt, daß sie sich in Haftbefehle verwandelt haben, die uns in unserer Rebellion und Widerspenstigkeit gefangenhalten.

Und nehmen wir an, Sie haben Meinungsverschiedenheiten mit Ihrem Pastor, Arbeitgeber oder, im Fall von Ehefrauen, Ihrem Ehemann, und Sie erhalten die Chance, Ihren Fall vor Gericht zu vertreten. Der Richter hat beide Seiten des Falles geprüft und ist der gleichen Meinung wie Sie. Sie sitzen vor dem Richter, während die Person, mit der Sie unterschiedlicher Meinung sind, dasteht, um ihre Position zu verteidigen.

Während die andere Person ihren Fall darlegt, werden Sie wütend. Sie springen auf Ihre Beine und schreien zu Ihrer Verteidigung. Was tut der Richter? Selbst wenn er Ihrer Meinung ist, wird er Sie warnen: „Sie verstoßen gegen die Ordnung! Wenn Sie sich nicht hinsetzen, werden Sie wegen Respektlosigkeit gegenüber dem Gericht verhaftet." Es gibt Menschen, die nur auf diese Weise gegen das Gesetz verstoßen haben und tatsächlich dafür ins Gefängnis geschickt werden, weil sie Respektlosigkeit gezeigt haben.

Viele Christen leben in einer Haltung der Mißachtung gegenüber Gott, da sie sich weigern, sich einer Ordnung zu unterwerfen, die Gott – nicht ein Mensch – festgesetzt hat.

Wir mögen uns manchmal fragen: „Was ist, wenn die Personen, denen ich mich unterordne, Fehler machen? Dann bin ich derjenige, der an den Folgen ihrer Handlungen leiden wird!" Die Antwort hierauf ist wieder: Glaube.

Da wir Menschen sind, machen wir alle Fehler – eine Tatsache, die uns davon abhalten sollte, mit dem Finger auf jemanden zu zeigen und zu sagen: „Ich habe es dir gleich gesagt." Begegnen wir jemandem, der sich im Irrtum befindet, im Geist der Liebe, wird ihm das ermöglichen, sich wieder zurechtzufinden. Und wenn Sie das nächste Mal Ihre Meinung mitteilen, können Sie sicher sein, daß sie aufmerksamer aufgenommen wird. Viele von uns wollen unsere Ideen Menschen, die die Autorität haben, aufdrängen, ohne sich vorher das Recht dazu verdient zu haben.

Wir können durch Glauben darauf vertrauen, daß Gott jemanden von Krebs heilen, von der Drogensucht befreien oder einer unfruchtbaren Frau ein Kind schenken kann. Aber haben wir den Glauben, daß Gott zum Herzen eines Menschen reden und ihm sagen kann, was er tun soll? Glauben wir, daß Gott das Beste aus einer Situation machen kann, selbst wenn eine Autoritätsperson sich Gottes Anweisungen blind entgegenstellt?

Diese Fragen sind wahre Glaubensprüfungen. Haben Sie das Vertrauen zu glauben, daß Gott alles in Ordnung bringen kann? Ein altes Sprichwort sagt: „Gott kann auf krummen Linien gerade schreiben."

Erkennen Sie, daß Unterordnung unser Leben ganz umgibt genauso wie der Berg, den ich Christy zeigte? Durch Unterordnung können wir bis zur Bergspitze aufsteigen und über die Herausforderungen wie ein prachtvoller Adler hinweggleiten. Wir können die Luft, die den Adler in den Höhen hält, nicht mit unseren Augen sehen. Genauso können wir Gottes Hand nicht sehen, die jedes Herz und jede Situation hält und lenkt.

Wir können Gottes Hand nicht sehen, aber sie ist da!

3

Verloren im Garten

Hin und wieder kommt eines meiner Kinder aufgeregt und weinend zu mir gerannt. Bevor es versucht, die Einzelheiten seines Unglücks herauszusprudeln, sage ich immer: „Halt! Laß uns am Anfang beginnen." Um möglichst viel zu verstehen, scheint dies immer der beste Ausgangspunkt zu sein!

Natürlich gab es auch einen Zeitpunkt, als Unterordnung ihren Anfang nahm. Sie begann vor langer Zeit, in der Schöpfungsgeschichte.

Adam und Eva waren dazu geschaffen, einem Gott Freude zu bereiten, der sie so sehr liebte. Aber Adam und Eva nahmen die Verlockung an. Und Gott sagte, sie müßten gehen. Nun müssen wir uns, wie Adam und Eva, einem Leben von Kummer stellen.

Gott schuf den Menschen nach seinem Bild. Die Geschichte im Garten Eden offenbart alles, was wir über Gottes Absicht, Plan und Standpunkt bezüglich des Prinzips der Unterordnung wissen müssen. Verfolgen Sie den Verlauf der Geschichte sorgfältig, und Sie werden die wunderbare Weisheit des Gottes, dem wir dienen, erkennen.

„Da machte Gott der Herr den Menschen aus Erde vom Acker und blies ihm den Odem des Lebens in seine Nase. Und so ward der Mensch ein lebendiges Wesen. Und Gott der Herr pflanzte einen Garten in Eden gegen Osten hin und setzte den Menschen hinein, den er gemacht hatte. Und Gott der Herr ließ aufwachsen aus der Erde allerlei Bäume, verlockend anzusehen und gut zu essen, und den Baum des Lebens mitten im Garten und den Baum der Erkenntnis des Guten und Bösen... Und Gott der Herr nahm den Menschen und setzte ihn in den Garten Eden, daß er ihn bebaute und bewahrte. Und Gott der Herr gebot dem Menschen und sprach: Du darfst essen von allen Bäumen im Garten, aber von dem Baum der Erkenntnis des Guten und Bösen sollst du nicht essen; denn an dem Tage, da du von ihm issest, mußt du des Todes sterben" (1. Mose 2, 7–9; 15–17).

Eine große Frage

Jedesmal, wenn ich diesen Abschnitt lese, erinnere ich mich an ein Ereignis aus meiner Kindheit, das mir so gegenwärtig ist, als ob es erst gestern passiert wäre! Ich erinnere mich, daß ich vor dem Schreibtisch unseres Pastors saß, die Füße gegen den Sitz eines Stuhles kickte und auf die Risse in der Decke seines Büros starrte. Nachdem ich mehrmals geseufzt hatte, hörte er auf, sein Buch zu lesen, und schaute mich über seine Brillengläser hinweg an. Als er zu reden begann, fragte ich mich, ob Gott sich wohl so anhörte. Meine Erwartung stieg. Vielleicht würde endlich jemand in der Lage sein, meine große Frage zu beantworten.

„Kleines Mädchen", begann er, „wenn ich recht verstehe, hast du eine Frage, auf die niemand eine Antwort zu haben scheint." Ich rutschte auf meinem Stuhl ganz nach vorne und nickte.

Ich antwortete: „Ja, das ist richtig."

Ich zögerte einen kleinen Augenblick, atmete tief durch und platzte heraus: „Ich kann einfach nicht verstehen, wie ein guter Gott einen bösen Baum in die Mitte eines guten Gartens setzen konnte! Ich meine, wenn er ganz und gar gut ist, wie konnte er sich dann überhaupt einen bösen Baum ausdenken?"

Der Pastor schaute an mir vorbei zu meinem Sonntagsschullehrer und lächelte. Meine Erwartung verwandelte sich in Ärger. Es war offensichtlich, daß er dachte, es sei eine dumme Frage, genauso wie der Lehrer, der mich hergebracht hatte.

Er lehnte sich in seinem Stuhl zurück und sagte langsam die Worte: „Vertraue Gott."

Das war die lächerlichste Antwort, die ich je in meinem elfjährigen Leben gehört hatte! Als ich den Mund öffnete, um eine weitere Frage zu stellen, hob er seine Handfläche genau wie ein Verkehrspolizist, wenn er einen stoppt. „Das ist alles, kleines Fräulein", sagte er entschieden.

Eine Woche später wurde ich von der Sonntagsschule ausgeschlossen, weil ich die Klasse – und den Lehrer – gestört hatte!

Heute, nach all diesen Jahren, denke ich, daß ich es etwas besser verstehe. Gott schuf Adam als freies moralisch verantwortlich handelndes Wesen mit der Fähigkeit, Entscheidungen zu treffen. Gott hätte ihn einem Roboter ähnlich erschaffen können, der den ganzen Tag im Garten herumläuft und „Preis dem Herrn! Halleluja! Danke, Gott!" sagt. Aber Gott sehnte sich danach, daß Adam ihn aus freiem Willen liebte, und nicht weil es gefordert war. Und wie konnte Adam eine Wahl treffen, wenn es keine Auswahlmöglichkeiten gab?

Nehmen wir an, Frank und ich wären auf einer einsamen Insel gestrandet und er würde mir jeden Tag die Treue geloben. Das hätte keinerlei Bedeutung, bis ein Schiff an den Strand gespült würde und 20 hinreißende Schönheiten ausstiegen. Dann gewönne seine Treue Bedeutung!

Achten Sie darauf, daß Gott den Baum der Erkenntnis des Guten und des Bösen in die *Mitte* des Gartens setzte. Adam mußte oft an ihm vorbeigehen. Die Schrift sagt, der Baum war schön anzusehen, und seine Früchte waren eßbar. So mußte Adam, jedesmal, wenn er sich dem Baum näherte, eine Entscheidung treffen. Es muß Gott gefreut haben, wenn Adam anstatt der Erkenntnis des Guten und Bösen den Gehorsam ihm gegenüber wählte.

Eine Gehilfin für Adam

Dann beschloß Gott, Adam mit einer Gefährtin zu segnen.

„Da ließ Gott der Herr einen tiefen Schlaf fallen auf den Menschen, und er schlief ein. Und er nahm eine seiner Rippen und schloß die Stelle mit Fleisch. Und Gott der Herr baute ein Weib aus der Rippe, die er von dem Menschen nahm, und brachte sie zu ihm. Da sprach der Mensch: Das ist doch Bein von meinem Bein und Fleisch von meinem Fleisch; man wird sie Männin nennen, weil sie vom Manne genommen ist... Und sie waren beide nackt, der Mensch und sein Weib, und schämten sich nicht" (1. Mose 2, 21–23 + 25).

Ich möchte Ihre Aufmerksamkeit auf die nächsten zwei Verse lenken.

„Aber die Schlange war listiger als alle Tiere auf dem Felde, die Gott der Herr gemacht hatte, und sprach zu dem Weibe: Ja, sollte Gott gesagt haben: ihr sollt nicht essen von allen Bäumen im Garten?" (1.Mose 3, 1).

Es gibt keinen Hinweis auf den Zeitsprung zwischen 1. Mose 2, 25 und 3, 1, wir können uns nur in unserer Phantasie ausmalen, wie die großartigste menschliche Liebesgeschichte, die je erzählt worden ist, gewesen sein muß. Ohne Zweifel wurde in diesen ersten Tagen, die Adam und Eva zusammen verbrachten, der Traum eines Romantikers Wirklichkeit.

Können Sie sich vorstellen, wie es gewesen sein muß, als Gott die zwei zum ersten Mal allein im Garten stehen ließ? In meiner Phantasie kann ich sie sehen. Sie wandten sich einander zu und ihre Augen begegneten sich. Sie wußten, sie waren einander gleich und doch sehr verschieden. Der Garten, um den sich Adam einfach weiterhin kümmerte, war wirklich ein Paradies.

Ich sehe Adam vor mir, wie er Eva im Garten herumführte und ihr die verschiedenen Bäume und Blumen vorstellte. Und als er ihr sagte, daß er jedem Tier im Garten einen Namen gegeben hatte, muß sie sich ihm zugewandt und ihn erstaunt angeschaut haben. In ihren Augen sah er etwas, das er nie zuvor gesehen hatte: Bewunderung.

Ich stelle sie mir vor, wie sie Hand in Hand über Wiesen rannten und in sprudelnde Bäche sprangen, die durch den Garten flossen. Bei ihren Picknicks gab es keine bedrohlichen Ameisen. Alle Tiere waren Freunde. Ihr Lachen war leicht und unbeschwert. Ihre Beziehung war frei von Angst, Eifersucht, Ärger und Streit – wahrhaftig im Himmel gemacht. Jeder Augenblick brachte sie einander näher.

Und dann nahm die Verschwörung ihren Gang. Dann kam der schicksalhafte Tag, als Eva der Schlange gegenüberstand.

Der Eindringling

„Da sprach das Weib zu der Schlange: Wir essen von den Früchten der Bäume im Garten; aber von den Früchten des Baumes mitten im Garten hat Gott gesagt: Esset nicht davon, rühret sie auch nicht an, daß ihr nicht sterbet! Da sprach die Schlange zum Weibe: Ihr werdet keineswegs des Todes sterben, sondern Gott weiß: an dem Tage, da ihr davon esset, werden eure Augen aufgetan, und ihr werdet sein wie Gott und wissen, was gut und böse ist. Und das Weib sah, daß von dem Baum gut zu essen wäre und daß er eine Lust für die Augen wäre und verlockend, weil er klug machte. Und sie nahm von der Frucht und aß und gab ihrem Mann, der bei ihr war, auch davon, und er aß" (1. Mose 3, 2–6).

In diesen Versen ist eine sehr interessante Entwicklung zu beobachten. Haben Sie Evas Reaktion auf die Schlange bemerkt, als sie ihr sagte, daß sie keineswegs sterben würde? Sie stellte nicht einmal eine Frage, bevor sie die Frucht des Baumes nahm!

Man sollte meinen, sie wäre schockiert gewesen, als die Schlange ihr etwas sagte, das dem, was Gott Adam befohlen hatte, wie sie wußte, völlig widersprach! Ich würde erwarten, daß sie gesagt hätte: „Das ist unglaublich! Das ist unglaublich, mein Mann hat mir nichts desgleichen gesagt, und wir stehen uns sehr nahe. Ich werde ihn deswegen fragen."

Statt dessen aß sie von der Frucht, ohne sich mit Adam zu beraten.

Logischerweise hatte sich Adam deswegen geweigert, von der Frucht zu essen, weil Gott es ihm verboten hatte. Die neugierige Eva konnte nicht anders, sie mußte sich einfach fragen, wie es wäre, den Unterschied zwischen Gut und Böse zu kennen. Satan gab ihr die Gelegenheit, dies herauszufinden, und sie biß in die Frucht. Der Rest ist Wort für Wort Geschichte.

„Da wurden ihnen beiden die Augen aufgetan, und sie wurden gewahr, daß sie nackt waren, und flochten Feigenblätter zusammen und machten sich Schurze. Und sie hörten Gott den Herrn, wie er im Garten ging, als der Tag kühl geworden war. Und Adam versteckte sich mit seinem Weibe vor dem Angesicht Gottes des Herrn unter den Bäumen im Garten. Und Gott der Herr rief

Adam und sprach zu ihm: Wo bist du? Und er sprach: Ich hörte dich im Garten und fürchtete mich; denn ich bin nackt, darum versteckte ich mich. Und er sprach: Wer hat dir gesagt, daß du nackt bist? Hast du nicht gegessen von dem Baum, von dem ich dir gebot, du solltest nicht davon essen? Da sprach Adam: Das Weib, das du mir zugesellt hast, gab mir von dem Baum, und ich aß. Da sprach Gott der Herr zum Weibe: Warum hast du das getan? Das Weib sprach: Die Schlange betrog mich, so daß ich aß" (1. Mose 3, 7-13).

In der Bibel steht, daß Adam bei ihr war, sich aber nicht äußerte. Eva glaubte wirklich, daß die Schlange die Wahrheit sagte. Adam wußte sehr gut, daß die Schlange log: „Und Adam wurde nicht verführt, die Frau aber hat sich zur Übertretung verführen lassen" (1. Timotheus 2, 14).

Unterschiedliche Züchtigungen

An dieser Stelle hörte Unterordnung auf, eine Angelegenheit des liebenden Verständnisses zwischen dem Schöpfer und seiner Schöpfung zu sein. Statt dessen wurde es die Grundlage der Züchtigung Gottes von Mann und Frau.

„Da sprach Gott der Herr zu der Schlange: Weil du das getan hast, seist du verflucht, verstoßen aus allem Vieh und allen Tieren auf dem Felde. Auf deinem Bauche sollst du kriechen und Erde fressen dein Leben lang... Und zum Weibe sprach er: Ich will dir viel Mühsal schaffen, wenn du schwanger wirst; unter Mühen sollst du Kinder gebären. Und dein Verlangen soll nach deinem Manne sein, aber er soll dein Herr sein. Und zum Manne sprach er: Weil du gehorcht hast der Stimme deines Weibes und gegessen von dem Baum, von dem ich dir gebot und sprach: Du sollst nicht davon essen –, verflucht sei der Acker um deinetwillen! Mit Mühsal sollst du dich von ihm nähren dein Leben lang" (1. Mose 3, 14 + 16–17).

Nun möchte ich auf etwas sehr Bedeutsames hinweisen. Obwohl Adam und Eva die gleiche Sünde begingen, war ihre Bestrafung ganz unterschiedlich. Dies erscheint uns vielleicht seltsam, bis wir uns daran erinnern, daß Gott unser Vater ist.

In unserer Familie züchtigen Frank und ich unsere Kinder nicht, um „gemein" zu sein. Wir tun es, weil wir sie lieben. Wir möchten, daß ihr Charakter in einer Weise geformt wird, daß sie in der Lage sein werden, als Erwachsene ein fruchtbares und glückliches Leben zu führen. Unsere Züchtigungen bestehen gewöhnlich darin, ihnen Dinge zu entziehen (Fernsehen, Telefonvorrechte oder besondere Ausflüge) oder ihnen Dinge zu geben, die sie lieber nicht hätten (Gartenarbeit, Putzen, Wäschewaschen). Wir glauben, daß sie durch diese Formen der Disziplin daran erinnert werden, wie falsch sie sich verhalten haben, und daß sie sich dann entscheiden, es nicht wieder zu tun. Und da jedes unserer Kinder verschieden ist, hängt der Entzug und das, was wir ihnen geben, von der Persönlichkeit des Kindes ab.

Gott züchtigte Eva auf zwei Arten: indem er ihr etwas gab, was sie nicht wollte und indem er ihr die eine Sache nahm, nach der ihr verlangte. Erstens gab Gott Eva Schmerzen bei der Geburt ihrer Kinder. Es war Gottes Wunsch, daß Eva Kinder bekommen und die Bevölkerung der Erde vermehren sollte, was eine wunderbare Erfahrung hätte sein sollen. Statt dessen wurde es schmerzhaft.

Die zweite Züchtigung war der Verlust einer Sache, die Eva sehr wichtig war: Macht. Sie glaubte wirklich, daß sie, wenn sie die Frucht aß, wie Gott werden würde. Und deshalb sagte Gott zu Eva: „Und dein Verlangen soll nach deinem Manne sein, aber er soll dein Herr sein."

Mein Mann fragte mich einmal, was Gott meiner Ansicht nach meinte, als er sagte: „Und dein Verlangen soll nach deinem Manne sein."

Nach einigem Nachdenken lächelte ich und antwortete: „Ich denke, es ist unser Los, euch zu begehren. Selbst wenn wir euch nicht begehren, begehren wir euch!"

Er lachte und sagte: „Ich denke, da steckt mehr dahinter als nur dies." Er fuhr fort, indem er die Bedeutung von „Verlangen nach" in 1. Mose 4, 7 erklärte. In 1. Mose 4 finden wir die Geschichte von Kain und Abel, den Söhnen von Adam und Eva. Die Brüder hatten Gott ein Opfer gebracht. Gott hatte Abels Opfer angenommen, aber Kains Gabe verworfen. Kain wurde wütend und in Vers 7 antwortet Gott und sagt: „Wenn du fromm bist, so kannst du frei den Blick erheben. Bist du aber nicht fromm, so lauert die Sünde vor der Tür, und nach dir hat sie Verlangen; du aber herrsche über sie."

Das Wort „Verlangen" ist das gleiche Wort, das in 1. Mose 3, 16 steht. Was war „der Sünde Verlangen" für Kain? Den Verlauf seines Lebens zu beeinflussen und zu beherrschen.

Als Gott Eva verfluchte, schien es fast so, als ob er zu Eva sagen würde: „Also gut, Eva. Du möchtest Chef sein und die Entscheidungen treffen? Wenn du diesen Garten verläßt, wirst du immer das Leben deines Mannes bestimmen wollen, aber er wird statt dessen über dich herrschen!"

Frauen, wartet einen Augenblick, bevor Ihr aufsteht und ruft: „Das ist nicht wahr!" Denken Sie über eine Aussage nach, die gewöhnlich von Frauen, egal ob Christen und Nichtchristen, gemacht wird. Ich glaube, daß es eine Unterhaltung ist, die von Eva eingesetzt und durch die Generationen weitergegeben wurde. Die Aussage ist: „Ich brauche einen starken Mann!" Haben Sie jemals eine Frau sagen hören: „ Ich brauche einen Waschlappen"? Und könnten Sie den Rest des Satzes hören, ginge er so weiter: „Ich brauche einen starken Mann, anderenfalls werde ich ihn in die Tasche stecken."

Eine Frau kennt instinktiv, ihren Wunsch zu herrschen. Sie verlangt auch danach, einen Mann zu finden, der die Führung übernimmt. Es ist unwahrscheinlich, daß sie einen solchen finden wird, es sei denn, daß er sich Gottes Wort unterordnet. Dies ist aufgrund der Strafe, die Gott Adam zuwies, unwahrscheinlich.

Erinnern wir uns: Adam war dafür verantwortlich, den Garten gepflegt und schön zu erhalten. Er traf sich mit Gott in der Kühle des Abends, und sie hatten Gemeinschaft miteinander. Ich denke, man kann ohne weiteres sagen, daß Adam ein entspanntes Leben hatte. Als Gott Adam bestrafte, entzog er ihm die Freizeit und ersetzte sie durch harte Arbeit.

Es war fast so, als ob Gott sagte: „Also gut, Adam. Du hast mir gezeigt, daß du weder Entscheidungen treffen noch das tun willst, was richtig ist. Deshalb sollst du von nun an, wenn du etwas zu essen haben willst, zuerst den Boden bestellen, die Saat einpflanzen, sie wässern und düngen, darauf warten, daß sie wächst, und sie dann ernten! Du wirst für dich und deine Familie im Schweiße deines Angesichts sorgen. Was am schlimmsten ist, du mußt über eine Frau herrschen, die durch ihre eigene unabhängige Entscheidung im Garten bewiesen hat, daß sie nicht beherrscht werden möchte. Ich weiß, du würdest lieber entspannen, aber du wirst eine Führungsrolle übernehmen müssen!"

Jetzt sind es die Männer, die rufen: „Das ist nicht wahr!" Aber betrachten wir eine Aussage, die oft von Männern, von Christen und Nichtchristen gleichermaßen, gemacht wird. Die Ehefrauen beklagen sich bei ihnen: „Ich habe das Gefühl, du liebst mich nicht mehr. Ich kann es nicht genau definieren, aber etwas ist anders." Der Mann brummt zurück: „Wieso meinst du, daß ich dich nicht mehr liebe? Ich gehe doch arbeiten oder etwa nicht?"

Gut, Männer, könntet ihr mir bitte erklären, was Zur-Arbeit-Gehen mit Liebe zu tun hat? Tief in seinem Inneren sagt der Mann tatsächlich: „Wenn ich es nicht dir zuliebe täte, läge ich am kristallklaren Fluß im Paradies, gäbe den Tieren Namen und würde den Garten pflegen. Ich will nicht zur Arbeit gehen. Und wenn ich gehe, dann nur, weil ich dich liebe!"

Wenn Sie genau beobachten, bemerken Sie, daß Männer, zumindest die meisten, professionelle ‚Relaxer' sind. Selbst wenn er hart arbeitet, tut er es gewöhnlich, damit er früher in Pension gehen oder sich teueres „Spielzeug" kaufen kann. Selbst der Arbeitssüchtige benutzt seine Arbeit oft wie eine Sucht und wird nicht einfach dadurch motiviert, daß die Arbeit selbst lohnend ist. Möglicherweise benutzt er sie sogar als Betäubungsmittel, um Schmerz oder Angst zu überdecken. Und selbst wenn einige Männer hart arbeiten und Beifall und Befriedigung durch ihre Arbeit bekommen, kann es sein, daß sie zu Hause trotzdem keine echten Führer sind – was die schwierigste aller Aufgaben ist.

Wollen Sie wirkliche Zufriedenheit sehen, beobachten Sie einen Mann, wenn er das nächste Mal bei einem Sportereignis oder beim Angeln ist. Ehemänner müssen gewöhnlich zu ihren Frauen sagen: „Schatz, warum setzt du dich nicht hin und entspannst dich?" Sie verstehen nicht, daß wir keine Zeit haben oder, besser gesagt, daß wir uns keine Zeit nehmen, um uns zu entspannen.

Tatsächlich wollen – mit wenigen Ausnahmen – Frauen bestimmen und Männer entspannen. Und es ist nicht unsere Schuld! Wir haben es aus dem Garten Eden mitbekommen. Sagen wir, es ist nicht unsere Schuld, daß wir so geboren wurden. Aber es ist unsere Schuld, wenn wir so bleiben.

Der arme Adam, der keinen Streß gekannt hatte, mußte nun über Eva herrschen. Er mußte Verantwortung tragen für eine Frau, die durch das Essen der Frucht ohne vorherige Absprache bewiesen hatte, daß sie – milde gesagt – ein freidenkendes, unabhängiges Individuum war! Vor dem Sündenfall war Gott derjenige, der die Entscheidungen traf, und Adam und Eva hatten keine Meinungsverschiedenheiten in ihrer Beziehung erlebt. Bis dahin war alles rein und wunderschön gewesen.

Welchen Kulturschock müssen sie erfahren haben, als sie aus ihrem wunderschönen Zuhause ausgeschlossen wurden! Führen war furchtbar schwer für Adam. Sich Unterordnen war fremd für Eva. Keiner von ihnen wollte die Verantwortung, die Gott auf sie gelegt hatte. Und ich bin sicher, beide empfanden es als eine bittere Pille, sich Gottes fester Entscheidung unterzuordnen.

Ein neues Leben

Was einmal die größte menschliche Liebesgeschichte aller Zeiten war, war im Begriff die größte Tragödie zu werden. Und in gewisser Weise nehme ich an, war es auch eine Komödie.

Stellen Sie sich Adam und Eva vor, wie sie am Tag, nachdem sie aus dem Garten vertrieben wurden, aufwachten. Sie drehten sich um, um sich anzuschauen, und vergessen wir dabei nicht, daß Zahnpasta und Mundwasser noch nicht erfunden waren. Als Adam „Guten Morgen, Eva" sagte, kniff sie ihre Augen zusammen, griff nach der Tierhaut und zog sie über ihren Mund, bevor sie „Guten Morgen, Adam" sagte.

Es dauerte nicht lange, bis sie begriffen, daß, wenn sie etwas essen wollten, Adam den Boden bestellen mußte. Als ein Geschöpf der Gewohnheit grüßte er auf dem Weg zum Feld wahrscheinlich seinen Lieblingsberglöwen mit: „Hallo, Freund!" Ich bin sicher, daß man seine Schreie in einem Umkreis von mehreren Kilometern hören konnte, als sein alter Katzenfreund, der zum Feind geworden war, ihn in die Berge jagte.

Nach einem langen Arbeitstag war Adam erleichtert, zu Eva heimzukommen. Er ging in ihre Höhle und sagte: „Hallo, Schatz, was gibt's zu essen?" Eva starrte ihn an und antwortete: „Essen? Ich habe den ganzen Tag saubergemacht. Wenn du essen willst, mach' es selbst!"

Im Garten Eden mußte Adams Frau weder Geschirr abwaschen noch Mahlzeiten zubereiten. Nun verbrachte sie ihre Tage mit Putzen und Kochen, während Adam draußen war und das Feld bestellte. Der süße Wohlgeruch, der sie einst im Garten umgeben hatte, wurde durch staubigen Schweiß und salzige Tränen ersetzt.

Eva war wahrhaftig unser aller Mutter. Sie mußte in allem Pionierarbeit leisten. Da war niemand, der ihr Ratschläge geben oder sie über die Geburt informieren konnte, als sie schwanger war. Ihr Herz brach beim ersten Mord, als ihr Sohn Kain seinen Bruder Abel tötete. Ihre Qual war immer wieder da, wenn sie daran zurückdachte, was sie im Garten mit Gott zurückgelassen hatte. Sie und Adam trugen die Last ihrer Fehler für den Rest ihres Lebens auf den Schultern.

Aber die größte fortwährende Schwierigkeit liegt in der Tatsache begründet, daß Adam und Eva gezwungen waren, Rollen zu akzeptieren, die ihnen fremd waren. Und die Schwierigkeit besteht bis heute. Wenn Gott für morgen ein Moratorium einberufen und die Rollen von Männern und Frauen austauschen würde, müßte das Land den Notstand erklären! Gäbe es Aufruhr in den Straßen, Männer und Frauen, die um die Beibehaltung ihrer althergebrachten Rollen kämpfen? Nein!

Frauen würden sich im ganzen Land in die Chefsessel drängen. Inzwischen wären die Autobahnen überfüllt von Männern in Autos, die sich langsam Stoßstange an Stoßstange vorwärtsbewegen würden. Wären sie auf dem Weg, um ihre Rechte zurückzugewinnen? Ganz im Gegenteil! Die Männer wären auf dem Weg zum Angeln, Bowling, Skilaufen, Surfen, Schwimmen, Golfspielen oder zum Basketball-, Football-, Fußball- oder Tennisspielen!

Übertreibe ich? Vielleicht ein wenig. Aber wir müssen uns der Tatsache stellen, daß Männer sich Gott nicht unterordnen wollen, indem sie ihre Familien führen. Und Frauen wollen sich Gott nicht unterordnen, indem sie ihren Männern folgen. Das eine ist ebenso schwierig wie das andere.

Mein Mann hat mir oft gesagt, daß Männer wahrscheinlich sehr wenig erreichen würden, wenn die Frauen nicht wären. Ein Mann wird durch die Anerkennung und Bewunderung einer Frau zur Leistung angetrieben. Und Frauen sind, wie Eva, von Natur aus neugierige, zum Herrschen neigende Geschöpfe. Der Einfluß der Frauen, wie er im Garten bezeugt ist, zieht sich durch die Geschichte der Menschheit.

Die Frau wurde dazu geschaffen, die Gehilfin des Mannes zu sein. Das bedeutet, sie sollte ein wesentlicher Bestandteil des Lebens ihres Mannes sein und ihn befähigen, sich voll und ganz zu dem Mann zu entwickeln, wie Gott ihn gewollt hat. Dies macht sie automatisch zu der Frau, wie sie Gott gewollt hat.

Selbst in unserem gefallenen Zustand bleibt dieser Plan intakt. Ohne einige sehr spezifische Richtlinien – Männer führen, Frauen ordnen sich unter – veranlaßt uns jedoch unsere sündige Natur dazu, Änderungen an Gottes souveränem Plan vorzunehmen. Das Ergebnis ist das gleiche wie zu Beginn der Menschheit: Selbstzerstörung.

4

Unterordnung und der verheiratete Mann

Ein Mann zu sein ist schwer! Ein gläubiger Ehemann zu sein ist überwältigend! Bevor ich entdeckte, daß jeder dazu berufen ist, sich unterzuordnen, einschließlich des verheirateten Mannes, war ich sicher, daß Gott die Männer begünstigt hat. Heute, da ich weiß, wozu sie berufen sind, bin ich überrascht, daß es noch keinen Aufstand mit der Forderung „Ich hätte als Frau geboren werden sollen!" gegeben hat.

Ironischerweise wurde die Unterordnung bei verheirateten Frauen so betont, daß die Verantwortung der Männer fast unerwähnt blieb. Gott hat den Männern jedoch einige sehr spezifische Führungsaufgaben gegeben, die, wenn sie wahrgenommen werden, Gott verherrlichen. Aber nur ein Mann, der sich Gottes Wort fügt, kann Gottes Befehle ausführen.

Wie wir in Kapitel 3 erfahren haben, möchte eine Frau nicht folgen, und ein Mann will die Führungsverantwortung für seine Familie nicht übernehmen. Die Bibel ist voller Beispiele von Männern, die ständig vor Gottes Anweisungen davonrannten oder sich versteckten. Nur ein Mann, der vom Heiligen Geist erfüllt ist, übernimmt die Führung in der richtigen Weise.

Viele Männer widersetzen sich heftig der Aussage, daß sie nicht führen wollen. Sie nennen sofort ihre Führungsrollen am Arbeitsplatz, beim Sport und auf vielen anderen Gebieten. Es gibt jedoch sehr wenige Männer, die zugeben, daß sie unter Gottes Führung stehen, und noch weniger, die diese Führung zu Hause ausüben. Warum? Aufgrund der Entscheidung Adams im Garten will ein Mann nicht über seine Frau oder Familie herrschen. Seine Rebellion in diesem Bereich wird oft durch seine außerordentlichen Leistungen auf anderen Gebieten gerechtfertigt und überschattet.

Ich hielt mich immer für eine logischdenkende Person. In den letzten Jahren habe ich meinen Widerstand aufgegeben und Unterordnung von Gottes Gesichtspunkt aus untersucht. Ich bin seitdem zu folgendem Schluß gekommen: Sollte jemand das Recht haben, sich bei Gott zu beklagen (wir haben es natürlich nicht), wozu er ihn berufen hat, wäre es eindeutig der verheiratete Mann. Lassen Sie mich Ihnen mitteilen, wie ein Ex-Atheist und eine Ex-Feministin zu diesem unwahrscheinlichen Schluß gekommen ist.

Als Gott Adam und Eva beim Verlassen des Gartens ihre Rollen zuwies, gab er ihnen nicht sofort ihre vollständige Arbeitsbeschreibung. Eine der lebendigsten Beschreibungen findet sich in Epheser 5, 22–28: „Ihr Frauen, ordnet euch euren Männern unter wie dem Herrn. Denn der Mann ist das Haupt der Frau, wie auch Christus das Haupt der Gemeinde ist, die er als seinen Leib erlöst hat. Aber wie nun die Gemeinde sich Christus unterordnet, so sollen sich auch die Frauen ihren Männern unterordnen in allen Dingen. Ihr Männer, liebt eure Frauen, wie auch Christus die Gemeinde geliebt hat und hat sich selbst für sie dahingegeben, um sie zu heiligen. Er hat sie gereinigt durch das Wasserbad im Wort, damit er sie vor sich stelle als eine Gemeinde, die herrlich sei und keinen Flecken oder Runzel oder etwas dergleichen habe, sondern die heilig und untadelig sei. So sollen auch die Männer ihre Frauen lieben wie ihren eigenen Leib. Wer seine Frau liebt, der liebt sich selbst."

Eine andere Arbeitsbeschreibung für den Mann finden wir in 1. Petrus 3, 7: „Desgleichen, ihr Männer, wohnt vernünftig mit ihnen zusammen und gebt dem weiblichen Geschlecht als dem schwächeren seine Ehre. Denn auch die Frauen sind Miterben der Gnade des Lebens, und euer gemeinsames Gebet soll nicht behindert werden."

Nun wollen wir uns genauer anschauen, was wir gerade gelesen haben. Bevor wir jeden Teil für sich betrachten, möchte ich die Aufgaben des verheirateten Mannes auflisten:

Der Ehemann

1. Sei das Haupt der Frau (derjenige, der die endgültige Entscheidung trifft).

2. Liebe deine Frau.
3. Sei der geistliche Führer in deinem Haus.
4. Wohne mit deiner Frau vernünftig zusammen. (Indem du verstehst, warum und wie Gott sie machte).

Die Ehefrau

1. Ihr Frauen, ordnet euch euren Männern unter wie dem Herrn.

Das ist alles! Frauen sind nur dazu berufen, sich ihren Männern unterzuordnen! Von Männern wird dagegen erwartet, daß sie sich Gottes Plan beugen, indem sie das Haupt der Familie sind, ihre Frauen lieben, die geistlichen Führer in der Familie sind und indem sie mit der Frau vernünftig zusammenwohnen. Gott wies dem Mann viermal soviel Arbeit zu!

Auf den Baum!

Dies erinnert mich an eine Geschichte über zwei Männer, die eines Abends aus dem Gefängnis ausbrachen. Kurz nachdem sie über die Mauer geklettert waren, wurde ihre Flucht bemerkt. Gefängniswärter verfolgten sie bald in heißer Jagd mit Taschenlampen und Polizeihunden. Als die Hunde drohten, die Sträflinge einzuholen, hatte einer der Flüchtlinge eine kluge Idee und kletterte auf einem Baum. Der andere Sträfling, der Schwierigkeiten hatte, Entscheidungen zu treffen, dachte, es sei besser, das Gleiche zu tun. Er rannte auch zu einem Baum, der etwa 15 Meter entfernt war.

Als die Hunde den ersten Baum erreichten, waren sie in heller Aufregung und bellten und sprangen in Richtung des Sträflings. Die Wärter umstellten den Baum und leuchteten mit ihren Taschenlampen nach oben. Der erste Sträfling überlegte schnell und sagte: „Kuckuck, Kuckuck!"

Einer der Gefängniswärter rief: „Oh, es ist nur ein Vogel." Sie zogen die Hunde weg und rannten zum nächsten Baum. Wieder begannen die Hunde laut zu bellen. Der zweite Sträfling überlegte schnell, welches Tier er nachahmen konnte. „Muh!" sagte er. Unglücklicherweise leben Kühe nicht auf Bäumen!

Man muß weise sein, um seine Rolle zu kennen. Und der verheiratete Mann braucht Weisheit, um die gewaltige Bedeutung von Gottes Wunsch und Plan für sein Leben zu begreifen. Er muß die Unterordnung unter Gottes Wort, seinen Pastor, den Arbeitgeber und die Obrigkeit, nachdem er sie überprüft hat, akzeptieren. Im Gegensatz zu dem, was die Welt uns glauben machen möchte, ist der Mann dazu berufen, sich – was eheliche Aufgaben betrifft – um viel mehr zu kümmern als die Frau.

Als ich verstanden hatte, wozu Gott meinen Mann in Beziehung zu mir berufen hat, verspürte ich das Bedürfnis, ihm eine Beileidskarte zu kaufen. Er soll mich führen und leiten in all meinem Trotz, meiner Widerspenstigkeit und Rebellion. Er ist verantwortlich für meinen geistlichen Zustand, selbst wenn ich ihm dabei nicht gerade behilflich bin. Er soll mich lieben, wenn ich nicht liebenswert bin. Er soll mit mir vernünftig zusammenwohnen, wenn ich mich viele Male nicht einmal selbst verstehe.

Ein Traum wird Wirklichkeit?

Stellen wir uns einen Ehemann vor, der nach einem langen Arbeitstag nach Hause kommt. Er fährt die Auffahrt hinauf, und bevor er das Auto parken kann, eilt seine lächelnde Frau heraus, um ihn zu begrüßen. Sie ist gekleidet, als ob sie gerade einer Modezeitschrift entstiegen wäre. Die Kinder kommen gleich hinterher. Eines trägt ein Glas kühle Limonade. Ein anderes hat seine Hausschuhe. Papa wird ins Haus geleitet und in das Wohnzimmer geführt, wo seine Lieblingssendung im Fernsehen läuft. Die Kinder küssen ihn alle, verlassen das Zimmer, um Hausaufgaben zu machen, und werden für den Rest des Abends nicht mehr gesehen.

Das Abendessen wird dem Mann auf einem Tablett vorgesetzt, und der Fernseher wird zurechtgerückt, damit er bequem schauen kann. Als schließlich das Programm zu Ende ist, weiß seine Frau, daß es Zeit für ihn ist, sich zurückzuziehen. Sie kommt in einem Negligee die Treppe hinunter, geleitet ihn zu einem heißen Bad, wäscht seinen Rücken und kommt dann zu ihm ins Bett.

Meinen Sie, ein Mann könnte mit so etwas umgehen? Es ist gewiß aus der Sicht eines Mannes eine erfreuliche Szene. Und wenn eine Frau ihren Mann so behandeln will, ist es ihr Vorrecht. Aber solch eine Verwöhnung sollte niemals sein Ziel oder seine Erwartung sein. Gott berief den christlichen Ehemann nicht zur Muße. Er berief ihn zur Führung. Schauen wir uns an, was die Schrift den Ehemann zu tun ermahnt.

Der Ehemann ist das Haupt

„Ich lasse euch aber wissen, daß Christus das Haupt eines jeden Mannes ist; der Mann aber ist das Haupt der Frau; Gott aber ist das Haupt Christi" (1. Korinther 11, 3).

Nun, das klingt einfach. Die Frau beugt sich dem Mann, der Mann Christus und Christus Gott. Worin liegt also das Problem? Das Problem ist vielseitig und variiert in jeder Ehe. In der Regel finden wir jedoch die größten Herausforderungen in den folgenden Bereichen:

1. Der Mann weigert sich, die Verantwortung zu übernehmen, Haupt der Familie zu sein oder sich Gott unterzuordnen.
2. Die Frau weigert sich, sich dem Mann unterzuordnen.
3. Schwiegereltern oder andere Personen außerhalb der unmittelbaren Familieneinheit dürfen die Entscheidungen der Familie beeinflussen.
4. Das Fleisch – nicht der Geist – herrscht in der Ehebeziehung vor.

Man sagt bei uns, wenn man führt und niemand folgt, dann macht man nur einen Spaziergang! Gott entwarf einen Plan, um unsere Ehen in vollkommener Harmonie zu erhalten. Männer und Frauen versuchen jedoch, die Regeln neu zu schreiben, ohne je das Spiel nach Gottes Spielregeln gespielt zu haben.

Das Haupt einer Frau zu sein erfordert Ausdauer und freundliche Liebe und Verständnis. Ein Mann muß demütig genug sein, um auf die Meinungen seiner Frau zu hören, jedoch stark genug, in die Richtung zu gehen, die Gott ihn führt.

Wir sollten uns bewußt sein, daß, wenn wir vor dem Richterstuhl Christi stehen werden, um unseren Lohn zu empfangen, der Mann – nicht die Frau – für die Richtung, die er seine Familie führte, Rechenschaft ablegen muß. Dies sehen wir deutlich im Fall von Adam und Eva. Die Schrift ist so deutlich, daß der verheiratete Mann nicht zu raten braucht, was Gott ihm befohlen hat: „Denn der Mann ist das Haupt der Frau, wie auch Christus das Haupt der Gemeinde ist" (Epheser 5, 23).

Was bedeutet es für den Mann, ein christusähnliches „Haupt" seiner Frau zu sein? Es bedeutet, daß er sich intensiv um ihr persönliches Wohlergehen kümmert. Er setzt sich opferbereit für das Wachstum ihrer Persönlichkeit und für ihre Erfüllung ein. Er ist bereit, volle Verantwortung für ihren Schutz und ihre Führung zu übernehmen, während er ihr die Freiheit läßt, sie selbst zu sein und sich voll und ganz zu der einzigartigen Frau zu entwickeln, zu der Gott sie geschaffen hat. Kurz, ein christusähnlicher Ehemann verpflichtet sich, seine Frau genauso zu lieben, wie er sich selbst liebt.

Christus ist das Haupt der Gemeinde. Er erlangte diese Stellung nicht dadurch, daß sein Vater Eigentümer der Firma war; er verdiente sich das Recht. Zur Zeit seines Erdenlebens dachten die Juden, ihr Messias würde sich offenbaren, indem er ihre Feinde besiegen und in Majestät erscheinen würde. Niemand war auf den Sohn des Zimmermanns vorbereitet.

„Seid so unter euch gesinnt, wie es auch der Gemeinschaft in Christus Jesus entspricht: Er, der in göttlicher Gestalt war, hielt es nicht für einen Raub, Gott gleich zu sein, sondern entäußerte sich selbst und nahm Knechtsgestalt an, ward den Menschen gleich und der Erscheinung nach als Mensch erkannt" (Philipper 2, 5–7).

Jesus wußte, wer er war. Sicher in diesem Bewußtsein, machte er sich daran, alle Menschen zu erreichen. Sein Ziel war es, den Menschen den Weg zu seinem Königreich zu zeigen. Und Gottes Wort ermahnt uns alle, so gesinnt zu sein wie Jesus.

Wenn ein Mann das Haupt seiner Frau sein möchte, wie es Gott gelehrt hat, muß er erst diese Gesinnung haben und sich seiner selbst sicher sein. Wenn er seine Sünden bekannt hat, öffentlich mit dem Mund den Herrn Jesus Christus bekannte und in seinem Herzen glaubt, daß Gott ihn von den Toten auferweckt hat, ist er gerettet (Römer 10, 9). Das bedeutet, daß er ein königlicher Priester (1. Petrus 2, 9) und ein Miterbe des Thrones Christi (Römer 8, 17) ist.

Ist er sich seines so beeindruckenden Geburtsrechtes bewußt, ist der Mann in der Lage, seine Frau zu lieben, ohne Ansehen für sich selbst suchen zu müssen. Wie der Chef einer Firma wird er aktiv am täglichen Leben beteiligt sein wollen und sich vergewissern, daß nichts in seiner Familie passiert, von dem er nichts weiß oder was er nicht billigt. Er wird glücklich sein, sich an jedem Aspekt des Familienlebens zu beteiligen. Dabei übernimmt er gern die Rolle eines Dieners.

„Denn auch der Menschensohn ist nicht gekommen, daß er sich dienen lasse, sondern daß er diene und sein Leben gebe als Lösegeld für viele" (Markus 10, 45).

Nun, Männer, bevor Ihr dieses Buch verzweifelt in die Ecke werft, seht Euch einen Auszug aus Charles Swindoll's Buch *Improving Your Serve* (Wie Sie besser dienen können) an: „Wenn Menschen Leitern mit dem Herzen eines Dieners folgen, wird der Herr gepriesen. Ich schlage zwei Tests vor, die Demut veranschaulichen:

(1) Ein Geist, der sich nicht verteidigt, wenn er angegriffen wird. Dies zeigt eine Bereitschaft, Verantwortung zu übernehmen. Wahre Demut funktioniert nach einer einfachen Philosophie: Ich brauche nichts zu beweisen; ich habe nichts zu verlieren.

(2) Der aufrichtige Wunsch, anderen zu helfen. Ich spreche von einem sensiblen, spontanen Bewußtsein von Nöten. Ein echter Diener bleibt in Verbindung mit Schwierigkeiten, die andere durchmachen. Die Demut des Geistes ist es, die ständig nach Wegen sucht, zu dienen und zu geben."[1]

Bevor mein Mann Reife im Herrn erlangte und ich meine auf Konfrontation gehende Haltung aufgab, reagierte er auf fast alles, was ich ihm sagte, mit einer defensiven Haltung. Heute, nach dem er beschlossen hat, in unserer Beziehung die Gestalt

---

[1] Charles Swindoll, Improving Your Serve (Waco, TX: Word, Inc., 1981).

eines Dieners anzunehmen, begrüßt er meine Kommentare. Sein Verteidigungswall ist gefallen. Und seit ich weiß, daß ich mich nicht durch eine zwei Meter dicke Mauer kämpfen muß, um ihn zu erreichen, bin ich manchmal sogar übermäßig besorgt, wie ich etwas ihm gegenüber ausdrücken soll. Ich möchte meine Freiheit weder mißbrauchen noch ihn verletzen.

Dies gilt ganz klar für eheliche Beziehungen. Wenn eine Frau die Möglichkeit hat, ihr Herz ohne Angst vor Vergeltung von seiten ihres Mannes auszuschütten, kann sie ihren Meinungen, Ängsten und Enttäuschungen freien Lauf lassen. Sobald sie weiß, daß ihr Mann sie „gehört" hat, kann sie annehmen, daß er ihren Beitrag bei seinen Entscheidungen berücksichtigen wird. Aber letzten Endes muß der Mann in die Richtung gehen, in die Gott ihn führt, ob seine Frau einverstanden ist oder nicht! Der gottesfürchtige Ehemann ist demütig genug zuzuhören und stark genug zu führen. Hört sich nach Jesus an, nicht wahr?

Männer, liebt eure Frauen

„Ihr Männer, liebt eure Frauen, wie auch Christus die Gemeinde geliebt hat und hat sich selbst für sie dahingegeben" (Epheser 5, 25).

Welch eine mächtige Beziehung besteht zwischen der Liebe eines Mannes für seine Frau und Christi Liebe für die Gemeinde! Gott hätte Beispiele von Menschen, von Männern verwenden können, die ihre Frauen herzlich liebhatten wie Hosea oder Elkana. Aber er wollte die eheliche Liebe mit etwas viel Tieferem und Großartigerem identifizieren.

Wie sehr liebte Christus die Gemeinde? Er starb und gab sich selbst für sie. Er opferte sein Leben, damit die Gemeinde leben könnte. Und er tat dies, obwohl er wußte, daß die Gemeinde nicht immer seinen Erwartungen entsprechen würde. Die Pläne des Herrn waren weitreichend – so sollten die Pläne eines Mannes für seine Frau sein.

Ein Mann sollte ebenso um die Zukunft seiner Frau besorgt sein wie um seine eigene. Wie geht es ihr gesundheitlich? Körperlich, geistig und geistlich? Welche Gaben hat sie? Wie kommen diese zur Entfaltung? Welche sind ihre Träume? Worauf freut sie sich? Was wird sie mit ihrer Zeit anfangen, wenn die Kinder einmal erwachsen sind? Wenn er in Rente geht, wird ihr Leben dann ebenso lohnend sein wie seines? Wie würde sie sich im Falle seines Todes ihren Lebensunterhalt verdienen? Sollte sie sterben, würde sie sich dann auf ihre himmlische Heimat freuen? Die meisten Frauen wären zutiefst dankbar, wenn sie wüßten, daß sich ihre Männer aufrichtig, liebevoll, und ohne manipulieren zu wollen, für diese Dinge interessieren würden. Und wenn die Bande der Ehe durch solchen Weitblick und solche Freundlichkeit gefestigt werden, erhält die Rolle der Frau, sich unterzuordnen, eine neue Perspektive und verliert ihre Bedrohlichkeit. Warum sollten Sie sich einem betenden Ehemann nicht unterordnen, dem Ihre tiefsten Interessen am Herzen liegen?

Eines Tages betrat ein Mann völlig fassungslos das Büro meines Pastors und erklärte unter Tränen seine Schwierigkeiten mit seiner Frau. Nachdem der Mann eine lange Liste von Fehlern durchgegangen war, fragte ihn mein Pastor: „Wie war sie, als Sie sie heirateten?"

„Oh, Herr Pastor", antwortete er schnell, „sie war ganz anders als heute. Sie war so nett."

Mein weiser Pastor antwortete: „Nun, unter Ihrer Führung wurde sie zu der Frau, die sie heute ist!"

Ich hörte einmal, wie Frank seine Liebe zu mir beschrieb, als wir mit einem Freund zu Abend aßen. Er sagte: „Manchmal liebe ich Bunny als meine Frau. Zu anderen Zeiten liebe ich sie als meine Freundin. Aber es gibt Augenblicke, da liebe ich sie weder als meine Frau noch als meine Freundin. Dann liebe ich sie als meine Schwester." Gottes bedingungslose Agape-Liebe findet immer einen Weg, sich anderen mitzuteilen.

Christus zeigte seine Liebe für die Gemeinde, indem er sich selbst erniedrigte und ein Beispiel gab. Er befahl den Jüngern nicht, einander die Füße zu waschen; er machte es ihnen vor. Einige Frauen wissen nicht, wie sie sich unterordnen sollen, denn sie wissen nicht, wie Unterordnung „aussieht". Vielleicht wuchsen sie in einer Familie auf, in welcher eine Frau dominierte. Vielleicht bestanden andere Verhältnisse, die kein geeignetes Vorbild für ihre Rolle lieferten.

Eine christliche Ehe beginnt richtig, wenn die Frau mit dem Verständnis von Gottes Vorbild für eheliche Unterordnung in die Ehe tritt und sie die Absicht hat, gemäß dieser feststehenden Ordnung zu handeln. Wenn sie dies jedoch nicht tut, ist es die Verantwortung des Mannes, ihr ein Beispiel von Unterordnung zu geben.

Wie? Ich erwähnte im ersten Kapitel, daß ich von der Bescheidenheit und Freundlichkeit meines Mannes angezogen wurde. Obwohl dies großartige Eigenschaften sind, bedeutet das nicht, daß ihm klar war, wie er mich und seine Familie nach Gottes Willen führen sollte. Dennoch lernte ich Unterordnung, indem ich meinen Mann beobachtete.

Frank wurde in einer Familie mit fünf Kindern aufgezogen. Sein Vater war wortkarg – sowohl gegenüber seiner Frau als auch gegenüber seinen Kindern. Frank hörte seinen Vater nicht ein einziges Mal „Ich liebe dich" sagen.

Als Gottes Wort Frank herausforderte, mich so zu lieben, wie Christus die Gemeinde liebte, hatte er nur wenige menschliche Vorbilder, denen er nacheifern konnte. Aber ich beobachtete, wie er aufgrund seiner Liebe zu Gott nach und nach die negativen Muster seiner Kindheit durchbrach.

In den ersten Jahren unserer Ehe sagte Frank fast jedes Mal, wenn ich ihm meine Ideen oder Meinungen mitteilte: „Das ist blöd!" Das verletzte mich zutiefst. Ich fühlte mich beleidigt und zurückgewiesen. Ich reagierte dann etwa so: „Das ist nicht blöd. Genau so denke ich."

„Fünfundneunzig Prozent der Weltbevölkerung", konnte er dann antworten, „sind meiner Meinung und fünf Prozent sind deiner Meinung; ich bleibe dabei, das ist blöd!"

Während Frank näher zum Herrn hinwuchs und sich immer mehr Gottes liebender Führung unterordnete, änderte er seinen Kommunikationsstil. Er „erniedrigte" sich selbst, indem er mir zuhörte und über das Gehörte nachdachte, selbst wenn er nicht einverstanden war. Heute sagt er seinen Kindern täglich, wie sehr er sie liebt, und zeigt seine Liebe zu mir auf viele verschiedene Weisen. Er hat sich standhaft geweigert, seiner Vergangenheit zu erlauben, „ihn in eine Form zu pressen". Statt dessen wurde er „verändert durch die Erneuerung seines Sinnes".

Der Mann ist der geistliche Führer

Franks „erneuerter Sinn" ließ ihn für mich und die Mädchen in unserer Familie ein geistliches Vorbild sein. Ich habe ihn jahrelang beobachtet, und sein Gehorsam gegenüber Gott hat mir die geistliche Führung gegeben, die ich brauche.

Vor einigen Jahren war Frank im Begriff, eine bestimmte geschäftliche Entscheidung zu treffen. Das Geschäft wäre sehr einträglich gewesen, aber Frank hätte damit eine andere Person betrogen. Als wir eines Tages zusammen die Sprüche lasen, entdeckte er: „Falsche Waage ist dem Herrn ein Greuel; aber ein volles Gewicht ist sein Wohlgefallen" (Sprüche 11, 1).

Statt zu versuchen, die profitablere Vereinbarung zu rechtfertigen, änderte Frank seine Anweisungen und war tatsächlich mehr als fair der anderen Person gegenüber. Ich beobachtete ihn!

Manchmal war Frank mit Entscheidungen nicht einverstanden, die unser Pastor traf. Er teilte ihm seine Gedanken in Liebe mit und folgte anschließend der Entscheidung unseres Pastors ohne Murren oder Grollen. Ich beobachtete ihn!

Obwohl es eher Franks Art ist, über die Autobahn zu rasen, lernte er, sich der Obrigkeit zu beugen. Er reduzierte seine Geschwindigkeit bis zur Geschwindigkeitsbegrenzung. Ich beobachtete ihn!

„So fürchtet nun den Herrn und dient ihm treulich und rechtschaffen...Gefällt es euch aber nicht, dem Herrn zu dienen, so wählt euch heute, wem ihr dienen wollt: den Göttern, denen eure Väter gedient haben jenseits des Stroms, oder den Göttern der Amoriter, in deren Land ihr wohnt. Ich aber und mein Haus wollen dem Herrn dienen" (Josua 24, 14–15).

Josua sagte: „Ich aber und mein Haus wollen dem Herrn dienen." Es kann eine sehr große Herausforderung sein, der geistliche Führer der Ehefrau zu sein. Satan trifft denjenigen, der diese Verantwortung trägt, oft frontal, und die Tore der Hölle werden ihm trotzen. Dennoch, Gottes Anweisung für Ehemänner in diesem Bereich ist nicht zu verkennen.

Mein Mann und ich unterrichten einen vierteljährlichen Ehepaarkreis. Eine der Aufgaben der Ehepaare ist, ihren Zeitplan so zu ändern, daß sie täglich fünf bis zehn Minuten Zeit für eine

Andacht haben. Wir verlangen nur von ihnen, daß sie jeden Tag ein Kapitel in den Sprüchen lesen und miteinander beten. Wir erklären, daß die Frau den Anstoß dazu geben kann, wenn die Andacht jedoch nicht gehalten wird, ist der Mann verantwortlich. Wenn wir uns am Ende der Woche treffen, bitten wir jedes Paar zu berichten, wie oft sie zusammen die Andacht hielten. Was meinen Sie? Die Antwort ist in der Regel ein- oder zweimal, höchstens.

Warum besteht auf seiten des Ehemanns solch ein Widerstand gegenüber Andacht und Gebet? Einmal wollen Männer manchmal nicht, daß ihre Frauen ihre Schwächen, die vom Wort Gottes aufgedeckt werden, sehen. Aber mir scheint es, daß Satan derjenige ist, der am meisten Widerstand leistet. Er kennt die Macht des Gebets. Und erinnern Sie sich, was ich in Kapitel 3 geschrieben habe? Wir entdeckten, daß Führung ein Männern fremdes Gebiet ist. Und es wird nirgends so deutlich wie im geistlichen Bereich.

Die Bibel sagt, Gott hat uns enorme Macht gegeben, wenn zwei oder mehr im Gebet eins werden. Wir Ehepaare sind potentielle geistliche Dynamos! Und dennoch gehen Ehemann und Ehefrau täglich aneinander vorbei und machen sich nicht zunutze, was Gott in ihr Zuhause gelegt hat. Denken Sie nur, was in dieser Welt geschehen würde, wenn alle christlichen Ehegatten zusammen vor den Herrn kämen und ihn bäten, sie zu Lichtern in der Welt zu machen. Wenn wir nur diese Vision bekommen könnten! Ehemänner müssen lernen, Satans Bollwerke auf diesem Gebiet niederzureißen. Sie sollten ihre Frauen täglich in Andacht und Gebet leiten.

Vernünftig zusammenleben

„Desgleichen, ihr Männer, wohnt vernünftig mit ihnen zusammen und gebt dem weiblichen Geschlecht als dem schwächeren seine Ehre. Denn auch die Frauen sind Miterben der Gnade des Lebens, und euer gemeinsames Gebet soll nicht behindert werden" (1. Petrus 3, 7).

Sicher haben Sie, wenn Sie ein Ehemann sind, schon bemerkt, daß Ihre Frau ganz anders denkt als Sie. Gott sah die Frau speziell als Gehilfin vor – sie soll helfen, die Seite des Mannes zu vervollständigen, die ohne sie unvollständig ist. (Später mehr darüber!) Wenn ein Mann sich jedoch nicht die Zeit nimmt, sich mit der Einzigartigkeit, die Gott zu seiner Hilfe in sie hineingelegt hat, zu befassen, wird er ganz sicher seine Frau nicht richtig verstehen können. Ehemänner müssen aufpassen, daß sie nicht wie der Schreiber des folgenden Gedichtes denken:

Glaube, wie ich glaube; nicht mehr und nicht weniger,
Gib zu, daß ich recht habe, und sonst niemand,
Fühle, wie ich fühle; denke, wie ich denke,
Esse, was ich esse; und trinke, was ich trinke,
Schau', wie ich schaue; tu' immer, was ich tu',
Und dann, und nur dann,
werde ich mit dir Gemeinschaft haben.

(Anonym)

Ehemänner sollten sich eine sehr bedeutsame Frage stellen: „Wenn meine Frau ein Pflichtfach beim Studium wäre, würde ich dann die Prüfung darin bestehen?"

Die Frau eines Pastors teilte mir ihre persönliche Frustration mit. So oft hatte sie beobachtet, wie ihr Mann andere Frauen in der Gemeinde ermutigte und ihnen gegenüber positiv reagierte. Ihr gegenüber war er jedoch kritisch und unaufmerksam. Nicht daß sie den Verdacht hatte, daß er sich zu sehr mit den anderen Frauen beschäftigte. Er gab ihr einfach das Gefühl, vollkommen unbedeutend zu sein. Viele Männer weigern sich, sich Gottes Wort unterzuordnen und Zeit zu investieren, ihre Frauen kennenzulernen. Und noch weniger Männer wissen, wie sie mit ihnen kommunizieren können.

Ich erinnere mich an die Geschichte von „John und Betty", die ihr erstes Eheseminar besuchten, bei dem Zärtlichkeit und Vertrautheit stark betont wurden. John fühlte sich unbehaglich, wenn er die herzliche Beziehung zwischen vielen der Paare beobachtete. Er dachte jedoch, wenn er gut genug schauspielte, würde man seine Hemmungen nicht bemerken.

Beim Mittagessen wählte er einen Tisch, an dem zwei Paare saßen, die schon auf mehreren Konferenzen gewesen waren. Die zwei Ehemänner schienen die Sache im Griff zu haben. Nachdem ihnen die Teller vorgesetzt worden waren, schaute der Mann zur Rechten seiner Frau in die Augen und sagte: „Gib mir den Zucker, mein Zuckerpüppchen." Der zweite Mann sprach zärtlich zu seiner Gattin: „Reiche mir den Honig, Süße." John überlegte schnell und sagte: „Reich mir die Flasche Wein, du Flasche!"

Es kann sein, daß Ehemänner einige unbehagliche Momente vor sich haben, bevor sie tatsächlich liebevoll auf ihre Frauen reagieren, beziehungsweise mit ihnen kommunizieren. Aber wenn Männer das Geschenk, das sie mit ihrer Frau bekommen haben, auspacken, werden sie überrascht sein, was Gott in die Verpackung getan hat.

Übrigens, Männer, wie sieht es mit Eurem Gebetsleben aus? Interessanterweise sagt der letzte Teil dieser Ermahnung Gottes an Ehemänner, daß ihr Gebet behindert wird, wenn dieses persönliche Kennenlernen nicht erstrebt wird. Gefühle des Grolls, die aus selbstsüchtigem Verhalten in der Familie entstehen, werden effektives Gebet erschweren – Gebet, das „ohne Zorn" dargebracht werden soll.

Nun, lassen wir es dabei bewenden. Ehemänner haben eine ganz schöne Last zu tragen! Aber, ach wie hell scheint das Licht, wenn „eines Paares Einheit ein Zeugnis wird". Es ist nicht immer leicht, dahin zu kommen. Es ist eine Sache des allmählichen Wachstums. Aber bedenken Sie Paulus' wunderschöne Ermahnung: „Meine Brüder, ich schätze mich selbst noch nicht so ein, daß ich's ergriffen habe. Eins aber sage ich: Ich vergesse, was dahinten ist, und strecke mich aus nach dem, was da vorne ist, und jage nach dem vorgesteckten Ziel, dem Siegespreis der himmlischen Berufung Gottes in Christus Jesus" (Philipper 3, 13–14).

5

Was Männer wissen möchten

Meine Frau beklagt sich, daß ich nicht die Führung beim Treffen von Entscheidungen übernehme. Aber wenn ich es versuche, tut sie alles, was in ihrer Macht steht, um die Autorität an sich zu reißen. Was soll ich tun?

Es gibt verschiedene mögliche Gründe für ihr Handeln. Erstens könnte sie dieses Handlungsmuster aufgrund Ihrer fehlenden Initiative bei der Übernahme der Führung entwickelt haben. Oder sie handelt vielleicht mehr aus einer Gewohnheit heraus als aus bewußter Rebellion.

Eine andere mögliche Erklärung für das Verhalten Ihrer Frau ist in der Schöpfungsgeschichte zu finden. Als Gott Evas Handeln gegenübersteht und richtet (siehe Kapitel 2), erklärt 1. Mose 3, 16, daß der ständige Wunsch einer Frau sein wird, ihren Mann zu beherrschen und zu beeinflussen.

Ein Freund chinesischer Herkunft erzählte mir einmal: „Meine Mutter war die demütigste Frau, der man begegnen konnte. Sie befolgte alle Bräuche unseres Landes, die sich auf Ehemann und Ehefrau bezogen. Aber jeden Abend, wenn meine Eltern heimkamen, beobachtete ich hinter geschlossenen Türen, wie sie die Fäden in der Hand hielt! Sie war der Herr im Haus!"

Was kann also ein Ehemann tun? Wir finden die Antwort in Epheser 6, 14: „So steht nun fest." Stehen Sie fest.

Ich schlage vor, Sie wählen einen geeigneten Zeitpunkt, schaffen eine Atmosphäre, die die Kommunikation fördert, und erinnern sie an Ihre Beschwerde. Kurz, stehen Sie auf und verschaffen Sie sich Gehör!

Wenn sie schon eine ganze Weile die Führung beim Treffen von Entscheidungen übernommen hat, dann stellen Sie sich darauf ein, daß sie die Kette nur allmählich loslassen wird. Sie brauchen Geduld! Wieviel Zeit nötig sein wird, hängt davon ab, wie Sie im Gehorsam gegenüber Gott die Führungsrolle in Ihrem Zuhause übernehmen.

Frank benötigte mehrere Jahre, um mir sein von Gott gegebenes Recht, die endgültigen Entscheidungen zu treffen, klarzumachen. Aber ich danke Gott für jeden Tag, an dem er an seinem Standpunkt festhielt.

Es heißt, daß der Mann den starken Wunsch hat, hinauszugehen, den Drachen zu erschlagen und ihn heim zu seiner Frau zu bringen. Unglücklicherweise haben viele Männer entdeckt, daß der Drache nicht außerhalb des Heims lebt ... er ist drinnen!

Wenn ich versuche, meiner Frau die Gründe zu erklären, warum ich eine Entscheidung getroffen habe, mit der sie nicht einverstanden ist, reagiert sie emotional und beginnt zu weinen. Ich möchte nicht nachgeben, aber ich kann es nicht ertragen, sie weinen zu sehen!

Die emotionale Seite einer Frau bringt die logische Seite des Mannes ins Gleichgewicht. Wenn einer Frau eine Sache sehr viel bedeutet, und sie in eine Position versetzt wird, wo sie ihr Urteilsvermögen nicht gebrauchen kann, ist eine emotionale Reaktion normal. Lassen Sie Ihrer Frau die Freiheit, ihre Gefühle auszudrücken. Aber lassen Sie nicht zu, daß ihre Tränen Ihre Entscheidung beeinflussen. Denken Sie immer daran, daß Sie es sein werden – nicht Ihre Frau –, der sich vor Gott für die Richtung, in die Sie Ihre Familie führten, verantworten muß. Deshalb hören Sie sich ihre Meinung zu der Angelegenheit an (das heißt, schauen Sie sie an, wenn sie spricht und unterbrechen Sie sie nicht), und wenn sie ausgeredet hat, ziehen Sie ihre Argumente in Erwägung. Dann treffen Sie Ihre Entscheidung.

Sollten Sie eine falsche Entscheidung treffen, dann geben Sie es auf jeden Fall zu. Geben Sie jedoch niemals Ihr von Gott gegebenes Führungsrecht auf.

Meine Frau und ich führen einen andauernden Streit wegen ihrer Arbeit. Ich bin der Ansicht, die Erziehung unserer Kinder und der Haushalt sind eine Vollzeitbeschäftigung. Sie sagt, ich ver-

suche ganz einfach, ihre Begabungen zu unterdrücken. Was soll ich tun?

Sie haben recht, wenn Sie sagen, daß Kindererziehung und Haushalt eine Vollzeitbeschäftigung sind. Ich bezeichne es immer als die alternative Karriere. Dazu ist die ganze Hingabe einer Frau nötig, die den Magisterabschluß anstrebt. Es bedeutet verzögerte Befriedigung und wenig Anerkennung. Wenn man jedoch auf immaterielle Güter sieht, glaube ich, ist das Muttersein wahrscheinlich der bestbezahlte Beruf, den eine Frau ausüben kann!

Das Geld, das man verdient, ist oft schnell ausgegeben. Wir können es nicht mitnehmen, wenn wir diese Erde verlassen. Eine Mutter dagegen beeinflußt bis zu vier Generationen an Nachkommen – und was sie in das Leben ihrer Kinder investiert, dauert lange über ihren Tod hinaus. Wer kann besser einen anständigen Charakter, Integrität, Verantwortlichkeit und Disziplin in das Leben ihrer Kinder einprägen als die Mutter?

Auf der anderen Seite verstehe ich die Frustration Ihrer Frau darüber, daß sie nicht in der Lage ist, ihre Leistungsfähigkeit in einer produktiven Weise auszuschöpfen. Ich schlage vor, Sie beide diskutieren einige Alternativen, die ihr es ermöglichen, zu Hause eine Tätigkeit auszuüben.

Ich betreibe eine Marketingfirma von zu Hause aus und finde das sehr lohnend und erfüllend. Es gibt mir die Möglichkeit, meine Begabungen zu gebrauchen. Ich kann jedoch meinen Zeitplan selbst bestimmen, so daß ich meinem Mann und meinen Kindern zur Verfügung stehe.

Man kann sogar dabei Geld sparen. Eine Arbeit zu Hause schließt die Notwendigkeit von Babysittern und anderen zusätzlichen Kosten wie Garderobe, Mittagessen und Beförderung aus.

Ich schlage vor, Sie zeigen ein echtes Interesse an dem Bedürfnis Ihrer Frau, ihre Begabungen zum Ausdruck zu bringen. Ich denke, Sie werden überrascht sein, was sich entwickeln wird!

Ich weiß, daß ich der Mann des Hauses sein sollte, aber ich fühle mich oft wie „das schüchterne Mäuschen des Hauses". Meine Frau setzt mich vor meinen Kindern herab und widerspricht mir oft in ihrer Gegenwart. Ich merke, daß ich mich immer mehr zurückziehe. Was schlagen Sie vor?

Viele Männer hängen einer Wunschvorstellung nach, anstatt Rückgrat zu beweisen. Sie können sich nur wünschen, daß ihre Frauen sich ihrer Autorität unterordnen und sie respektieren und bewundern.

Die große Mehrheit der Frauen kommt jedoch nicht von einer Umgebung, in der ein derartiges Beispiel gegeben wurde. Traurigerweise beobachten Ihre eigenen Kinder heute das Verhalten Ihrer Familie, und sie werden es auch in ihr Leben integrieren, wenn sie einmal verheiratet sind.

Erstens muß sich ein Mann bewußt machen, welch gewaltige Verantwortung er hat, indem er ein Vorbild für seine Kinder ist. Er ermöglicht es ihnen, letztlich ein lohnendes und ausgeglichenes Leben zu führen.

Zweitens muß er anerkennen, daß er es nicht aus eigener Kraft kann, sondern die Weisung und Führung durch Gottes Wort, seinen Pastor und seine persönliche Beziehung zu Jesus Christus notwendig sind.

Der Herr kann Sie stärken, um der spezielle Ehemann zu sein, zu dem er Sie geschaffen hat. Durch Gottes Wort werden Sie lernen, ein Führer – kein Diktator – zu sein und Ihre Frau zu lieben, wie Christus die Gemeinde liebte und sich selbst für sie gegeben hat.

Wenn Ihre Frau den Herrn und sein Wort liebt, wird sie schließlich ihre rechtmäßige Stellung in Ihrer Beziehung akzeptieren. Wenn sie den Herrn nicht kennt, ist es Ihre Verantwortung, ihr fest, jedoch liebevoll Christus vorzuleben, so daß sie zu ihm gezogen wird. Sie müssen die Entscheidung treffen, sich Gottes Wort unterzuordnen und die Führungsposition in Ihrer Familie einzunehmen. Sie werden es nicht leicht haben, aber der Herr wird Ihnen zur Seite stehen.

Meine Frau ist ein wundervoller Mensch, aber eine schreckliche Hausfrau! Meine Bitten stoßen auf taube Ohren. Es ist für mich sehr schwierig, positiv auf sie zu reagieren, denn ich glaube, wenn sie mich liebte, würde sie sich auf diesem Gebiet, das mir wichtig ist, ändern. Was kann ich tun?

Ich traf einmal eine Frau, die mir mitteilte, daß sie eine schreckliche Hausfrau sei und aus diesem Grund von ihrem ersten Mann geschieden wurde. Sie sagte, wenn sie die Wohnung saubermachen müßte, wolle sie nicht heiraten. Das faszinierte mich. Als ich nachforschte, warum sie eine solche Abneigung gegen diese Sache hatte, erzählte sie mir ihre Lebensgeschichte.

Ich fand heraus, daß ihre Mutter ihr niemals erlaubte, bei der Hausarbeit zu helfen. Man sagte ihr ständig, daß sie unzulänglich sei und die Arbeit falsch mache, wenn sie es versuchen würde. Ihr erster und einziger Versuch war eine Katastrophe.

Kurz nach ihrer Heirat, als ihr Mann bei der Arbeit war, entschloß sie sich, den Küchenboden zu putzen.

„Der Küchenboden sah aus wie ein schmutziger Hauptbahnhof", sagte sie mir. „Und ich wußte nicht, wo ich beginnen sollte. Ich saß auf dem Boden mitten in der Küche, und mir brach der kalte Schweiß aus." Die Angst der Frau vor dem Versagen war so überwältigend, daß sie sie lähmte. Als ihr Mann nach Hause kam, war er wütend und beschuldigte sie, faul und unnütz zu sein. Eines führte zum anderen, und das Endergebnis war eine Scheidung.

Meistens ist eine Frau, die eine schreckliche Hausfrau ist, das Produkt einer Umgebung, die übermäßig sauber oder vollkommen ungepflegt war. In beiden Fällen hat sie eine unausgewogene Vorstellung von der Bedeutung eines sauberen Zuhauses. Sie hat wahrscheinlich das Gefühl, die Aufgabe sei extrem anstrengend und strapaziös. Eines ist sicher: zu viel Druck kann negative Auswirkungen haben und wird Ihre Beziehung unnötig belasten.

Beginnen Sie damit, daß Sie der Beschreibung Ihrer Frau von einem sauberen Haus aufmerksam zuhören. Lassen Sie sich erzählen, was ihrer Meinung nach ihre Aufgabe bei der Instandhaltung der Wohnung ist. Stellen Sie Fragen, die ihr ermöglichen, ihre Sorgen und Befürchtungen offen mitzuteilen.

Nachdem Sie sie haben ausreden lassen, bitten Sie Gott, Sie zu leiten, wie Sie ihr konstruktiv helfen können, die Qual in eine ideale Situation zu verwandeln. Es gibt so viele Dinge, die getan werden können, um Hausarbeit angenehm oder sogar zum Spaß werden zu lassen!

Fallen Sie nicht auf den Gedanken herein, daß sie, weil sie eine Frau ist, wissen sollte, wie man saubermacht. Entwickeln Sie

Ideen, die helfen, in diesem Bereich ihre Selbstachtung aufzubauen und sie zu ermutigen. Wenn Sie es sich leisten können, ziehen Sie es vielleicht in Erwägung, einmal pro Woche eine Reinigungskraft kommen zu lassen. Was immer Sie tun, Ihre Frau wird Ihr Verständnis sowie Ihren Einsatz für Ihr Zuhause und Ihre Beziehung zueinander zu schätzen wissen.

Die Bibel ermahnt, „mit seiner Frau vernünftig zusammenzuwohnen." Es gibt keine zwei Frauen, die einander gleichen, deshalb vergleichen Sie Ihre Frau nicht mit einer anderen Frau. Nach einer gewissen Zeit wird sie auf diesem Gebiet stärker werden. Wer weiß? Vielleicht kann sie sich dann einer Ihrer Schwächen zuwenden!

Ich arbeite hart, um für meine Familie zu sorgen, aber es ist für mich unmöglich, mit den Gewohnheiten meiner Frau, was das Geldausgeben betrifft, mitzuhalten. Ich erlebe eine Menge Streß, und sie scheint nicht zu verstehen, was für Folgen dies für unsere Beziehung hat. Ich brauche Ihre Hilfe.

In unserer Gesellschaft ist es schwierig, innerhalb der Grenzen unserer finanziellen Möglichkeiten zu leben. Man kann kaum einen Laden betreten, ohne daß einem jemand eine Kreditkarte mit einem 90-Tage-Kredit anbietet. Inzwischen erinnern uns Fernsehen, Zeitschriften und Reklametafeln daran, wie minderwertig wir sind, wenn wir nicht in der Lage sind, den Maßstäben zu genügen, die von Werbefachleuten bezüglich unserer äußeren Erscheinung aufgestellt werden. Auf Erwachsenen und Kindern gleichermaßen lastet der durch visuelle Reize hervorgerufene Druck, sich gut anzuziehen, die modernsten Frisuren und Make-ups zu tragen und die „richtigen" Autos zu fahren. Stellen Sie sich als Haupt Ihres Zuhauses einige der Fragen:

1. Wer sind die Freundinnen Ihrer Frau und wie sieht deren Lebensstil aus?
2. Kaufen Ihre Nachbarn ständig etwas Neues, um vor der Nachbarschaft anzugeben?
3. Welche Schulen besuchen Ihre Kinder? Fordert das Modebewußtsein dort, daß sie mithalten?
4. Wann gibt Ihre Frau das meiste Geld aus: wenn sie glücklich, deprimiert, sorgenvoll, müde ist etc.?

5. Empfindet Ihre Frau Ihre Liebe zu ihr als erfüllend?
6. Schenken Sie ihr Ihre Zeit und volle Aufmerksamkeit?

Diese Fragen werden Ihnen einige erste Anhaltspunkte über die Handlungen Ihrer Frau geben und können Ihnen helfen, neue Bereiche der Kommunikation und des Verständnisses zu eröffnen. Oft ist Einkaufen ein Ersatz für eine Leere in unserem Leben. Oder wenn ein durch Freundinnen hervorgerufener Druck der Beweggrund ist, möchten Sie vielleicht eine Änderung der Umgebung in Erwägung ziehen. Sogar einige Gemeinden legen außerordentlich viel Wert auf den finanziellen Status und die äußere Erscheinung eines Menschen.

Ihre Frau strahlt eine starke Botschaft aus. Wenn Sie gerade einen anderen Sender eingestellt haben, schlage ich vor, daß Sie schnell umschalten. Begeben Sie sich lieber auf Ihre Frequenz!

Nach meinem Verständnis mißfällt es Gott, wenn wir nicht, sobald wir verheiratet sind, einander unsere Leiber unterordnen. Meine Frau und ich sind beide Christen, aber anscheinend wurde diese Vorstellung von ihr nie akzeptiert. Ich möchte nicht anderswo nach sexueller Erfüllung suchen, aber sie weist mich ständig ab.

Wenn Sie Christ sind, wissen Sie, daß die Möglichkeit, anderswo nach sexueller Erfüllung zu suchen, nicht zur Debatte steht. Sie heirateten Ihre Frau und akzeptierten damit ihre guten und ihre schlechten Seiten, und anscheinend haben Sie es augenblicklich mit den schlechten zu tun. Es kann verschiedene Ursachen haben, daß eine Frau ihrem Mann Sex verweigert: eine beeinträchtigte Kindheit, Mangel an Vertrautheit in der Beziehung, eine verzerrte Vorstellung von dem, was Sex ist, körperliche Probleme oder geistige und emotionale Hemmungen.

Diese Möglichkeiten berühren nur die Oberfläche eines Gebietes, in dem Satan versucht, absolut zu herrschen. Jeder Fall ist individuell verschieden, und ich schlage vor, daß Sie beide eine gute Beratung in Erwägung ziehen. Viele Bücher wurden über das Thema Sex geschrieben, die Ihnen bei dieser Herausforderung helfen könnten. Ihre Frau ist etwas Besonderes, da Sie sie heirateten, deshalb ist sie es auch wert, Ihre Liebe, Fürsorge und Ihr Verständnis zu erhalten.

Lassen Sie nicht zu, daß diese schwierige Situation die großartigen Fähigkeiten, die Sie haben, ein glückliches und befriedigtes Paar zu sein, vermindert. Investieren Sie Zeit und Beratung in Ihre Frau. Ich bin sicher, Ihre „Einnahmen" werden beweisen, daß es sich gelohnt hat.

Ab und zu, wenn meine Frau und ich verschiedener Meinung sind, sagt sie zu mir: „Ich denke, du solltest dich mir unterordnen, denn ich habe mich dir das letzte Mal untergeordnet. Die Bibel sagt in Epheser 5, 21: ‚Ordnet euch einander unter in der Furcht Christi.'" Was soll ich darauf sagen?

Ich bin erleichtert, daß ich nicht die einzige Frau bin, die versucht hat, Epheser 5, 21 zu benutzen, um ihren Kopf durchzusetzen. Ich erinnere mich an das erste Mal, als ich diese Bibelstelle gegenüber meinem Mann benutzte; er suchte darauf in der Bibel nach einer Antwort.

Schauen wir uns die Schriftstelle, auf die sich Ihre Frau bezieht, und den darauffolgenden Vers an: „Ordnet euch einander unter in der Furcht Christi. Ihr Frauen, ordnet euch euren Männern unter wie dem Herrn" (Epheser 5, 21–22).

Unterordnung in einer Ehe funktioniert nicht genauso wie die gegenseitige Unterordnung im Leib Christi. Im Leib Christi ordnen wir uns einander unter, indem wir Prinzipien der Schrift praktizieren. In der Ehe ordnen wir uns unserem Mann als einer Autoritätsperson unter.

In Epheser 5, 21 ist Gott die einzige Autorität.

In Epheser 5, 22 ist die Frau ihrem Mann untergeordnet. Gott gibt dem Mann Autorität über die Frau, und er zieht ihn auch zur Rechenschaft.

Was sollten Sie also zu Ihrer Frau sagen, wenn sie möchte, daß Sie sich ihrer Entscheidung unterordnen? Versuchen Sie es so: „Schatz, bitte bete mit mir! Mit Gottes Hilfe treffe ich die richtige Wahl für uns beide, und er wird sich darüber freuen. Denn, weißt du, ich bin tatsächlich derjenige, der dem Herrn eines Tages für all unsere Familienentscheidungen Rechenschaft ablegen muß."

6

Unterordnung und die verheiratete Frau

Die verheiratete Frau, die sich unterordnet, ist eine Frau des Glaubens, der Stärke und der Macht! Nein, das ist kein Widerspruch, sondern ein erstaunliches Paradox. Eben das Prinzip, das Satan mit ganzem Einsatz zu verzerren suchte, hat uns befreit: die Unterordnung.

Wovon sind wir befreit? Erstens sind wir frei von einem „Image" oder einer „Identität", die vorgibt, daß wir unterlegen und unterwürfig sind. Zweitens sind wir aus einem Gefängnis befreit, dessen Gitterstäbe Rebellion, Verteidigungshaltung, Verachtung und Frustration darstellen, dessen Gefängniswärter Unglaube und dessen Mauern Angst heißen. Und es gibt nur einen Schlüssel, der die Türen aufschließen wird: der Schlüssel des Glaubens.

„Aber ohne Glauben ist's unmöglich, Gott zu gefallen; denn wer zu Gott kommen will, der muß glauben, daß er ist und daß er denen, die ihn suchen, ihren Lohn gibt" (Hebräer 11,6).

Frauen des Glaubens

Nur eine Frau des Glaubens kann darauf vertrauen, daß Gott ist, Gott alles weiß und Gott handelt.

Viele christliche verheiratete Frauen, die Schwierigkeiten haben, Gottes Plan der Unterordnung zu verstehen, nehmen an, daß die Bibel nicht wörtlich genommen werden kann. Sie haben den Schluß gezogen, wenn man den Zeitraum, in der die Bibel geschrieben wurde (vor 2000 Jahren) in Erwägung zieht und daran denkt, wer die Bücher schrieb (Menschen), ist das Ergebnis eine einseitige, voreingenommene und verzerrte Sicht über Gottes Absichten.

Aber diese Sichtweise ist unannehmbar für diejenigen unter uns, die wissen, daß die Bibel Gottes Wort ist und daß alle Schrift „von Gott eingegeben" ist. Auch können wir nicht umhin festzustellen, daß sich das Prinzip der Unterordnung von der ersten bis zur letzten Seite der Bibel zieht. Und wie wir gesehen haben, betrifft Unterordnung jeden!

Es gibt nur wenige Lebensbereiche, die Satan nicht zu verzerren versuchte, die Unterordnung unter eine Autorität war aber schon immer eine seiner Prioritäten. Erst einmal war Rebellion gegen Gottes Autorität die Ursache dafür, daß er aus dem Himmel ausgestoßen wurde. Und zweitens ist ihm klar, daß die Macht, die im Prinzip der Unterordnung enthalten ist, zerstörerisch für sein heimtückisches Vorhaben sein kann.

Satans beste Taktik

Stellen wir uns einen Augenblick vor, Sie haben die Aufgabe bekommen, das Prinzip der Unterordnung im Herzen und im Leben der Kinder Gottes zu verdrehen. Welche Methode würden Sie wählen? Ich habe darüber ganz schön nachgedacht, und ich bin ziemlich sicher, ich täte genau das gleiche wie Satan! Zunächst würde ich eine Gruppe von Menschen isolieren: verheiratete Frauen. Dann begänne ich, durch verschiedene Mittel und Medien die ungeheuerliche „Ungerechtigkeit Gottes" aufzuzeigen. Ich ließe Unterordnung lächerlich erscheinen: Wie könnte Gott solch intelligente, anregende und vollendete Geschöpfe dazu bestimmen, ihren Ehemännern unterwürfig und unterlegen zu sein?

Zur gleichen Zeit erhielten die Ehemänner ein „Macho-Image". Sie würden dahingehend beeinflußt, keinem Rat Gehör zu schenken als ihrem eigenen. An einer anderen Front würde freidenkenden Ledigen Beifall gespendet, daß sie so unabhängig wären und niemanden als nur sich selbst zufriedenstellen müßten.

Welch ein phantastischer Plan! Und er ist nicht nur phantastisch, er funktioniert auch.

Während Satan herumtanzt und in die Augen der Kinder Gottes Sand gegen Unterordnung streut, sind viele von uns gegen seine Tricks machtlos geworden. Wir weigern uns nicht nur, uns in diesem Bereich unseres Lebens Gottes Wort unterzuordnen, wir stellen auch eine Liste von Rechtfertigungen auf, die jede Situation abdeckt. Das Erstaunliche ist, daß Satan uns dahin geführt hat zu glauben, daß Unabhängigsein unsere Idee ist. Ich denke, daß wir an einem Punkt, in irgendeiner Generation dieses Spiel doch einmal kapieren sollten.

Warum ist Unterordnung so gefährlich für Satan? Warum hat sie so viel Macht? Weil wir sie im Glauben praktizieren, und Glaube schlägt ihn immer.

Wenn wir gegen unsere Gefühle, Gedanken und Meinungen handeln und uns der Autorität (z. B. unserem Herrn, Gottes Wort, unserem Mann, Pastor oder Arbeitgeber) gerne beugen und wenn wir das Ergebnis Gott überlassen, tun wir einen Glaubensschritt. Wir sagen damit aus, daß wir glauben, daß Gott jede Einzelheit unserer Umstände kennt und er sich um uns kümmert. Wir bekennen, daß er ein gerechter Gott ist und daß wir, indem wir seinem Willen gehorsam sind, ihn befähigen, alle Hindernisse zu überwinden. Nun, dazu ist Glaube nötig!

Bedeutet biblische Unterordnung, daß wir unsere Gefühle nicht ausdrücken? Nein. Bestimmt nicht, im Gegenteil. Es bedeutet, wir teilen, mit angemessenem Respekt und Liebe mit, was wir darüber denken, wenn eine Meinungsverschiedenheit mit jemandem, der die Autorität hat, auftritt. Dann, wenn die andere Person weiterhin anderer Meinung ist, übergeben wir die ganze Angelegenheit im Glauben Gott. Unterordnung gibt Gott Raum, uns zu zeigen, wer recht hat. Das Ergebnis ist Friede und Harmonie in der Beziehung, bis zu dem Zeitpunkt, an dem Gott beschließt, die Sache richtigzustellen.

Einer der Gründe, warum Unterordnung für eine Frau so schwierig ist, besteht darin, daß wir in einer Männerwelt leben. Wir können die gleiche Arbeit haben und weniger bezahlt bekommen. Wir mögen qualifizierter sein und werden nicht befördert. Zweifellos sind Männer in der Regel physisch stärker. Aufgrund dieser Faktoren haben viele Frauen gelernt, ihren Willen durch Manipulation durchzusetzen.

Einige von uns sind „trainierte Manipulatoren" geworden. Wir wissen, was wir wann und wie sagen müssen, um unser Ziel zu erreichen. Allein der Gedanke, unsere subtilen Kontrollen loszulassen, erschüttert unsere Logik, Vernunft und Gedankengänge. Daher kann nur eine gläubige Frau verstehen, daß auf dem Fundament der Unterordnung die ganze Macht Gottes ruht.

Einfach rebellisch

Als der Herr mir zum ersten Mal offenbarte, was ich Ihnen mitteile, leuchtete es mir wirklich ein. Es gab nur ein Hindernis meinerseits: eine Mauer von Rebellion, die so dick war, daß man sie nur schwer abreißen konnte.

Es ist nun schon lange her, aber ich erinnere mich, wie ich am Spülbecken in der Küche stand und über Frank und die Auseinandersetzung nachdachte, die wir gerade gehabt hatten. Ich war mit seiner Entscheidung nicht einverstanden gewesen, und Ärger stieg in mir auf. Ich kann mich nicht mehr an Einzelheiten erinnern (hätte ich damals gewußt, daß ich ein Buch schreiben würde, hätte ich sie mir gemerkt!) Aber in diesem Augenblick beschloß ich, Gottes Prinzip der Unterordnung auszuprobieren.

Ich flüsterte ein Gebet und sagte: „Herr, ich denke, Frank hat unrecht, aber ich will mich gerne seiner Entscheidung beugen und dir vertrauen (Glauben haben), daß du die Sache in Ordnung bringst." Sofort war mein Ärger verschwunden, und statt dessen wartete ich gespannt darauf, wie Gott die Situation lösen würde. Da war Friede in meinem Herzen und in meinem Zuhause. Gott löste das Problem so schnell, daß ich sprachlos war. Kein Durcheinander. Kein Theater. Nur Gott!

Bei diesem speziellen ersten Fall war Gott besonders freundlich. Er antwortet heutzutage nicht immer so schnell. Die Ermutigung, die ich damals brauchte, wurde durch Erfahrung ersetzt, und Jahre der Erfahrung haben meinen Glauben gestärkt. Zu meinem Erstaunen hat sich meine Geduld bis zu einem solchen Ausmaß entwickelt, daß ich keine Zweifel habe, daß

Gott früher oder später jedes Problem, mit dem wir konfrontiert werden, lösen wird.

Ich muß übrigens zugeben, daß Frank oft recht hat. Und ich denke, das ist verständlich. Warum würde Gott einen Mann in die Position des Hauptes der Familie einsetzen, wenn er nicht den Plan hätte, ihm die Weisheit zu geben, damit er ein guter Führer sein kann?

Die größte Anforderung, die die Unterordnung an uns stellt, ist Geduld. Wenn wir nicht „jetzt" sehen, daß etwas passiert, denken wir, daß das Problem unbemerkt blieb. Dann sind wir geneigt, die Angelegenheit wieder selbst in die Hand zu nehmen. Unglücklicherweise kann dies die Lösung um Monate und manchmal sogar um Jahre verzögern. Es ist wichtig, sich daran zu erinnern, daß „Gott alles schön macht zu seiner Zeit."

Und wenn er einen Fehler macht?

Während einer Radiosendung, in der das Thema Unterordnung behandelt wurde, gab der Moderator die Telefonleitungen für Fragen frei. Obwohl ich Zeit gehabt hatte, das Prinzip der Unterordnung, die jeden, und zwar Männer und Frauen, betrifft, zu erläutern, betrafen wie üblich alle Fragen verheiratete Frauen. Einer der Anrufe war von einem Herrn namens Jim. Er wollte meine Meinung wissen über eine Situation, die seinen Freund David betraf.

David wollte eine finanzielle Investition tätigen. Er hatte es mit seiner Frau besprochen, und sie hatte ihm geraten, es nicht zu tun. David ging dann zu Jim und einigen anderen Männern der Gemeinde, um von ihnen Anregungen zu bekommen, und sie hatten gedacht, die Investition sei solide. Daher wies er den Rat seiner Frau ab und machte die Investition.

Die Frauen der Männer, die David berieten, waren sehr aufgebracht. Sie waren der Meinung, es sei unfair von ihm, diesen Schritt gegen das Einverständnis seiner Frau zu tun. Ihre Aussage war: „Sie hatte keine Wahl." Noch schlimmer, am Ende kam heraus, daß es eine schlechte Investition war. David verlor das investierte Geld!

Sie können sich vorstellen, welch heißes Diskussionsthema dies wurde. Schon allein die Tatsache, daß Jim das Recht hatte, auf eigene Faust eine größere Investition zu tätigen, widerstrebt unserem fleischlichen Intellekt und unseren Gefühlen. Und doch kommen wir nicht um Gottes Wort herum, das sagt: „Desgleichen sollt ihr Frauen euch euren Männern unterordnen, damit auch die, die nicht an das Wort glauben, durch das Leben ihrer Frauen ohne Worte gewonnen werden."

Meine Antwort an Jim war, daß die Aussage: „Sie hatte keine Wahl" nicht richtig war. Als David beschloß zu investieren, hatte seine Frau die Wahl, sich unterzuordnen oder zu rebellieren. Sie wählte die Rebellion. Unglücklicherweise verstand sie die Macht, die im Prinzip der Unterordnung liegt, nicht. Hätten die Ehefrauen, die ärgerlich waren, mit ihr zusammen gebetet, hätten sie Gott in dieser Situation wirken sehen.

Bedeutet das, David hätte seine Investition nicht verloren? Vielleicht ja, vielleicht auch nicht. Viele von uns lernen aus unseren Fehlern. Aber was auch immer David in dieser Situation lernen sollte, es hätte durch Gottes Eingreifen als Antwort auf die Gebete seiner Frau geschehen können. Und er hätte aus der Sache als ein viel stärkerer Mann hervorgehen können – statt schwächer und niedergeschlagen.

Die Schlüsselfrage ist: Haben Sie das Vertrauen zu glauben, daß Gott es richtig machen kann, selbst wenn Ihr Mann einen Fehler begeht?

Ich nahm ein Beispiel, in dem es um Geld geht, weil dies ein sehr heikles Thema in unseren Ehen ist. Zahllose Auseinandersetzungen entzünden sich an dem Mangel an Geld oder an der Frage, wie das Geld, das wir haben, verwendet werden sollte. Uns Frauen muß klarwerden, daß unsere Männer nicht unsere Versorger sind. Gott ist unser Versorger. Gott hat den Ehemann zum Haupt der Familie erwählt, und er wird durch ihn für die Familie sorgen. Und obwohl wir dazu neigen, in Panik zu geraten, wenn unsere Sicherheit bedroht ist, ist Gott vollkommen in der Lage, unsere Bedürfnisse zu erfüllen, oft durch unerwartete Mittel.

Sein Fehler, Ihre Segnung

Das alttestamentliche Buch Ruth zeigt einen der zahllosen Wege, wie Gott eine Situation zurechtbiegen kann, nachdem eine Frau sich der Entscheidung ihres Mannes untergeordnet hat. In Kapitel 1 lesen wir, daß in Bethlehem Hungersnot herrschte. Elimelech beschloß, mit seiner Frau Noomi und seinen beiden Söhnen nach Moab, einem heidnischen Land zu ziehen. Gott hatte die Hungersnot aufgrund der Sünde Israels geschickt. Aber Elimelech hatte beschlossen, vor der Züchtigung Gottes davonzulaufen und in einem heidnischen Land Hilfe zu suchen – was offensichtlich eine törichte Entscheidung war.

Noomi war zehn Jahre in Moab. Nachdem ihre zwei Söhne Moabiterinnen geheiratet hatten, starben sowohl sie als auch Elimelech. Als die unglückliche Noomi hörte, daß Gott Israel wieder segnete, beschloß sie, nach Bethlehem zurückzukehren. Ruth, eine ihrer Schwiegertöchter, hielt an Noomi fest und bat, mit ihr gehen zu dürfen. Ruth gelang es schließlich, ihre Schwiegermutter von ihrem Wunsch zu überzeugen, daß Noomis Volk ihr Volk und Noomis Gott ihr Gott werde.

In Bethlehem ging Ruth zu den Gerstenfeldern, um für sich und ihre Schwiegermutter Ähren zu lesen. Durch ihren Fleiß und ihre Treue wurde Boas, ein wohlhabender Verwandter von Noomi, auf sie aufmerksam. Schließlich heiratete Boas Ruth.

In Gehorsam gegenüber der schlechten Entscheidung ihres Mannes hatte Noomi ihr Zuhause verlassen, um nach Moab zu ziehen, und kehrte nach Bethlehem als mittellose Witwe ohne überlebende Kinder oder Enkel zurück. Aber nun war sie wohlhabend – wohlhabender als zuvor, und Ruths erster Sohn wurde gemäß dem jüdischen Gesetz der ihre. Noomi war für den Rest ihres Lebens versorgt und hatte einen Enkel, der den Familiennamen fortführte. Dieser Sohn war Obed, der Vater von Isai, der der Vater von Israels mächtigem König David war. Jesus selbst wurde aus der Abstammungslinie von Noomi geboren.

Soll das heißen, daß Gott Ihren Mann töten wird, wenn er einen Fehler macht? Nein! Aber es zeigt, wie Gott für uns sorgt, wenn wir unter der Autorität der feststehenden Ordnung Gottes bleiben. Noomis Hilfe kam nicht sofort, aber schließlich trat sie doch ein. Wir müssen daran denken, Gott Zeit – viel Zeit – zu lassen, um die Probleme in unserem Leben zu lösen.

An früherer Stelle erzählte ich, wie Frank und ich uns ein Jahr nach unserer Hochzeit dem Herrn hingaben. Kurz danach lief sein Vertrag als Musikproduzent aus und mußte neu unterschrieben werden. Zu diesem Zeitpunkt hatte Frank einen Riesenerfolg, und Schallplattenfirmen rissen sich um Verträge mit ihm. Er entschied jedoch, daß ihm seine Beziehung zu Gott wichtiger war und daß er bei niemandem unterschreiben würde, bis er nicht sicher wäre, wo Gott ihn haben wollte.

Ohne Vertrag sank unser Einkommen drastisch und sofort, und wir waren bald in großen finanziellen Schwierigkeiten. Gott griff jedoch ein und sorgte für uns. Wir begannen, in unserem Haus zweimal im Monat ein Bibelstudium mit durchschnittlich hundert Teilnehmern durchzuführen. Wenn ich heute zurückblicke, tue ich es mit großer Freude. Frank hatte recht, auf Gott zu warten. Ein Schallplattenvertrag hätte ihn jahrelang gebunden, und sein Dienst für Gott wäre behindert worden.

Auch ich war Gott gegenüber Verpflichtungen eingegangen, ich wollte, daß mein Lob ihm gegenüber nie abnähme, egal, was passieren würde. Und ich kann aufrichtig sagen, obwohl jeder Tag ein Wandel im Glauben war, gab mir Gott immer reichlich, wofür ich ihn loben konnte. Heute ist Frank der Vorsitzende einer größeren Hilfsorganisation und ich arbeite unentgeltlich als seine Assistentin.

Frank gibt zu, daß es Zeiten gab, wo er Fehler im Finanziellen machte. Ich habe mich jedoch dazu entschieden, für Frank zu tun, was Jesus für mich getan hat. Als Jesus starb, gab er uns im Prinzip ein Scheckbuch der Vergebung. Gottes Wort sagt: „Wenn wir aber unsere Sünden bekennen, so ist er treu und gerecht, daß er uns die Sünden vergibt und reinigt uns von aller Ungerechtigkeit" (1. Johannes 1, 9).

Egal, wie die Herausforderung in meiner Ehe aussieht, ich habe meinem Mann dieses Scheckbuch der Vergebung überreicht. Als Jesus gefragt wurde, wie viele Male wir vergeben sollen, antwortete er: „Siebzigmal siebenmal". Wenn Frank einen Fehler macht, vergebe ich ihm. Sollte er den gleichen Fehler wieder machen, würde meine Vergebung immer noch auf ihn warten. Jesus tut das gleiche für uns – jeden Tag.

Dieses Einander-Vergeben hat geholfen, etwas Bemerkenswertes in unserer Ehe zu erreichen. Es hat uns wirklich „eins" gemacht: „Darum wird ein Mann seinen Vater und seine Mutter verlassen und seinem Weibe anhangen, und sie werden sein ein Fleisch" (1. Mose 2, 24).

Wenn wir uns gegenseitig zugestehen, Fehler zu machen, befreit uns das von dem Verurteilen. Er weiß, daß ich ihn unterstütze, und wenn etwas falsch läuft, vertraue ich, daß Gott es in Ordnung bringen wird. Frank ist mein bester Freund geworden – wirklich ein Teil meiner selbst. Jedesmal, wenn ein Fehler passiert ist, und er sieht, daß ich recht hatte, schenkt er meinen Meinungen mehr Aufmerksamkeit. Die Kommunikation ist offen und ungehindert. Wir wachsen immer mehr zusammen.

Die Frage lautete: „Und wenn mein Mann einen Fehler macht?" Die Antwort ist: „Er wird Fehler machen, weil er ein Mensch ist." Die zweite Frage ist: „Sind Sie bereit, Ihren Glauben zu üben und zu vertrauen, daß, was auch immer der Fehler sein mag, Gott die Sache in Ordnung bringen kann?" Ich hoffe, Sie antworten mit „Ja!"

Die Schwierigkeiten mit Eva

Wenn wir schon einmal von Fehlern sprechen – Eva geriet in Schwierigkeiten, als sie vor dem Baum der Erkenntnis des Guten und Bösen stand und sich fragte, wie es sein könnte, wie Gott zu sein. Dies ist der Grund, daß sie sich Satans unglaublichem Vorschlag öffnete. Warum strafte Gott Eva nicht so, daß sie nie wieder diese Frage stellen konnte? Weil das Fragen-Stellen an sich nicht die Sünde war. Die Sünde war ihre Wahl, unabhängig und Gott gegenüber ungehorsam zu sein.

Wenn ich meine Zeit damit verbringen würde, mich zu fragen, wie ich Gott besser dienen und ihn mehr lieben könnte, wäre das eine konstruktive Überlegung. Benutze ich die gleiche Fähigkeit, um darüber nachzudenken, wie es wäre, Gott „gleich" zu sein oder in meinen Umständen „Gott zu spielen", zerstöre ich eben den Zweck, wozu Gott mich schuf: zu seinem Wohlgefallen.

Das Bedürfnis der Frau, ihre unersättliche Neugier zu befriedigen, ist ein Erbe Evas. Ich bin immer wieder erstaunt über die Dinge, mit denen ich mich beschäftige und an die mein Mann nicht im Traum denkt. In unseren Eheberatungskursen treffen wir eine Menge Frauen, und ich habe festgestellt, daß die meisten auch neugierige Geschöpfe sind.

Gott benutzt Unterordnung, um unsere Neugier in die richtigen Bahnen zu leiten, sie ihm unterzuordnen. Mir scheint, die Unterordnung unter unsere Ehemänner ist der Schutz, den Gott in der Ehe bereitgestellt hat, um uns davor zu bewahren, Evas Fehler zu wiederholen. Ich vermute, Gott teilte der Frau nicht die Aufgabe der Unterordnung zu, weil sie nicht stark wäre, sondern weil sie zu stark wäre. Ohne Autorität könnte eine Frau dazu neigen, sich ihr eigenes Königreich zu schaffen, ohne in irgendeiner Weise von Gott abhängig zu sein. Dies spiegelt sich übrigens im Leben vieler Frauen um uns herum wider, die das Prinzip der Unterordnung mißachtet haben.

Auf der anderen Seite hatte Adam im Garten die Fähigkeit, eine gerechte Entscheidung zu treffen und einen festen Standpunkt einzunehmen. Aber aufgrund seiner Liebe für Eva fehlte ihm die innere Stärke, zu seiner Überzeugung zu stehen. Gott brachte in ihm Führungseigenschaften zur Entfaltung, indem er ihn zum Haupt der Familie machte.

Alle meine Kinder sind verschieden. Ich muß jedem individuelle Anweisungen erteilen und dabei die einzigartige Entwicklung ihres Charakters im Auge haben. Ich erwarte nicht, daß Sie immer mein Korrigieren mögen oder verstehen; ich erwarte einfach, daß sie gehorchen. Sie können nicht immer die Grundlage begreifen, auf der ich meine Entscheidungen treffe. Mir ist klar, daß die meisten meiner Anweisungen nicht geschätzt werden, bis sie erwachsen sind und selber Kinder haben werden.

Vielleicht wachen wir eines Morgens auf und sehen, daß Gott wußte, was er tat, als er Adam und Eva ihre Rollen zuteilte. Er weiß Dinge über uns, die wir nicht wissen! Und ich persönlich habe entdeckt, daß man mit Gott keine Kompromisse schließen oder mit ihm verhandeln könnte. Um Frauen Gottes zu sein, die ein glückliches, fruchtbares und reiches Leben führen, müssen wir ernsthaft die Tatsache akzeptieren, daß er seine Meinung nicht ändern wird.

Wir müssen seinem Wort im Glauben gehorchen.

Der Gerechte wird aus Glauben leben

Ja, Gottes geistliche Vision für uns könnte sogar mit einem Wort zusammengefaßt werden: Glauben. Wir brauchen Glauben, um unsere Ehemänner so zu sehen, wie sie sein können und nicht wie sie sind. Wir brauchen Glauben, um uns unterzuordnen, wenn wir denken, sie haben unrecht. Wir brauchen Glauben, um auf Gott zu warten, bis er uns zeigt, wer von uns recht hat, und währenddessen nicht zu murren oder zu grollen. Wir brauchen Glauben, um zu vertrauen, daß Gott unseren Männern die Weisheit gibt, die sie benötigen, um Entscheidungen für uns und unsere Kinder zu treffen.

Im ersten Psalm lernen wir, daß wir über Gottes Wort Tag und Nacht nachdenken sollen. Hier sind einige Bibelstellen, über die ich während des Tages nachdenke:

„Es ist aber der Glaube eine feste Zuversicht auf das, was man hofft, und ein Nichtzweifeln an dem, was man nicht sieht" (Hebräer 11, 1).

„Und was ihr bitten werdet in meinem Namen, das will ich tun, damit der Vater verherrlicht werde im Sohn. Was ihr mich bitten werdet in meinem Namen, das will ich tun" (Johannes 14, 13–14).

Und er wird es tatsächlich tun! Ich begann, Gott für kleine Dinge zu vertrauen. Und jedesmal, wenn er mir seine Treue zeigte, wurde mein Glaube ein wenig größer. Zweifellos kam David zu den gleichen Ergebnissen und sagte: „Schmecket und sehet, wie freundlich der Herr ist" (Psalm 34, 9).

Es liegt eine wunderbare Mühelosigkeit in der Unterordnung. Man beginnt, sich wohl zu fühlen und sich zu entspannen. Es ist ein Vorgeschmack des Himmels. Wir brauchen nicht länger in der Defensive zu verharren – Gott verteidigt uns! Es gibt keinen Grund zu rebellieren, wenn wir wissen, daß Gott alles unter Kontrolle hat.

Wir glauben, daß wir eines Tages vor dem Richterstuhl Christi stehen werden. Dann werden wir nicht bezüglich unserer Rettung, sondern aufgrund unserer Werke gerichtet. Es entlastet enorm, sich darüber klarzuwerden, daß, wenn wir unter dem Schutz derer handeln, die Gott als Autorität eingesetzt hat, sie es sind – und nicht wir –, die sich für die getroffenen Entscheidungen verantworten müssen.

Passen Sie auf, sonst könnten Sie beginnen, die Unterordnung liebzugewinnen!

Die Extremfälle

Ich möchte ein ziemlich tragisches Thema erwähnen. Jesus erinnerte uns mehr als einmal daran, daß einige Leute sehr harte Herzen haben. Wenn während einer Radiotalkshow die Telefonverbindung freigegeben wird, ist eine der ersten Fragen, die mir gestellt werden: „Und wenn körperliche Mißhandlung im Spiel ist? Muß ich mich dann unterordnen?"

Meine Antwort ist stets ein entschiedenes „Nein". Ich rate rasch, daß mißhandelte Frauen ihre Kinder nehmen, das Zuhause verlassen und Schutz suchen sollen. Das ermöglicht es der Person, die sie mißhandelt, Hilfe zu bekommen. Ob es sich um körperliche Mißhandlung oder Drogenmißbrauch handelt, die Betroffenen fördern oft dieses Verhalten, indem sie unbewußt auf vielerlei Wegen die schlechten Gewohnheiten des Mißhandelnden unterstützen. Solche Teilnehmer werden „Mitabhängige" genannt, und sie können tatsächlich verhindern, daß ein Mißhandelnder Hilfe sucht.

Ich schlage nicht vor, daß eine Frau eine schwierige Ehe verlassen soll, aber sie muß sich und ihre Kinder schützen. Sie muß ihren Mann herausfordern, Hilfe zu suchen, indem sie eine „harte Liebe" zeigt. Es kann sein, daß der Mißhandelnde nicht sofort reagiert. Und vielleicht muß er erst einmal den Tiefpunkt seines Lebens erreichen, bevor er umkehrt. Dennoch, es gibt Tausende von genesenden Süchtigen und Mißhandelnden, die bezeugen, daß ihre Heilung durch die Festigkeit und Beständigkeit ihrer Lieben ausgelöst wurde.

In solchen Fällen muß christliche Beratung gesucht werden. Aber – bitte – achten Sie darauf, daß sie wirklich christlich ist. Psalm 1, 1 ermahnt uns: „Wohl dem, der nicht wandelt im Rat der Gottlosen."

Es kann Sie enorm stärken, Gott durch Gebet und Fasten zu suchen und herauszufinden, wie die Bibel Ihre Situation sieht. Scheuen Sie sich nicht, sich Ihren zuverlässigen christlichen Freunden anzuvertrauen. Es gibt auch viele Unterstützungsgruppen und Beratungsstellen, die speziell dafür da sind, Sie zu informieren und Ihnen durch diese schwere Prüfung zu helfen. Vielleicht kann Ihnen Ihre Gemeinde behilflich sein, sie ausfindig zu machen.

R & R

Ich hoffe von ganzem Herzen, daß Sie kein Opfer extremer Umstände sind. Und ich hoffe, Sie haben sich entschieden, sich auf der Grundlage dessen, was Sie gelesen haben, Ihrem Mann unterzuordnen. Wenn ja, fragen Sie sich wahrscheinlich, wo Sie beginnen sollen. Da Sie die Gedanken einer Frau kennen, haben Sie begonnen, eine Strategie zu entwickeln, die Ihnen in Ihrem Bemühen Erfolg bringen wird. Ich schlage vor, Sie beginnen mit R & R. In der faßbaren Welt bedeutet dies „Ruhe und Relaxen". In der geistlichen Welt bedeutet es „Reue und Respekt". In Epheser 5, 33 lesen wir: „Die Frau aber ehre den Mann."

Eine Frau, die ihrem Mann Respekt entgegenbringt, wird keine Schwierigkeiten haben, sich unterzuordnen. Im Griechischen bedeutet „Ehrerbietung" in „tiefer Ehrfurcht oder Respekt" sein. Wenn Sie im stillen denken: „Sie kennt meinen Mann nicht!", dann brauchen Sie ein vollkommeneres Verständnis davon, was es bedeutet, Ehrerbietung (Respekt) vor ihm zu haben.

Als ich über dieses Wort nachdachte, bat ich Gott, mir ein geeignetes Beispiel zu geben. Kurze Zeit später zeigte er mir ein Bild des früheren Präsidenten Reagan, wie er in den Kongreß schritt. Als er eintrat, erhob sich jeder zu Ehren der hohen Position Reagans. Niemand hätte geleugnet, daß es viele Leute in dem Saal gab, die Gegner von Reagans Politik waren. Wäre es nicht aufgrund seiner Position gewesen, hätten sie nicht gestanden. Sie ehrten sein Präsidentenamt, nicht seine Politik.

In einem Fernsehinterview wurde der frühere Vizepräsident Bush bezüglich des Iran-Contra-Skandals interviewt. Aufgrund der Art der Fragen hatte man den Eindruck, daß der Gastgeber des Programms der Meinung war, daß Bush über die Iranaffaire Bescheid wußte. Einige Male während des Interviews war der Reporter forsch und kurz angebunden. Als ihm am Schluß die Zeit ausging, schnitt der Journalist dem Vizepräsidenten schroff das Wort ab und beendete das Programm.

Die Öffentlichkeit war empört! Eine Flut von Briefen traf ein. Waren sie ärgerlich, weil sie dachten, Bush wäre nicht in den Skandal verwickelt gewesen? Nein. Die Leute waren aufgebracht aufgrund des Mangels an Respekt gegenüber einer Person, die die Position des Vizepräsidenten innehatte.

Es mag sein, daß wir unsere Männer weder aufgrund ihres Charakters noch wegen ihrer Entscheidungen oder ihrer Führung respektieren. Gott fordert jedoch, daß wir die Position respektieren, in die er sie als Ehemänner eingesetzt hat. Ich fragte den Herrn: „Bedeutet das, daß ich mich jedesmal erheben soll, wenn mein Mann den Raum betritt?"

Er antwortete: „Nein, aber im Geist solltest du es tun. Im Geist solltest du zu seiner Ehre stehen und dich in Respekt beugen. Als du mir gelobtest, ihn als deinen Ehemann anzunehmen, ‚bis der Tod uns scheidet', wurde er dein Haupt und das Haupt deiner Familie." Gott erinnerte mich daran, daß dieser Grundsatz sogar in den Fällen gilt, wo Ehemänner sich offensichtlich nicht ehrbar verhalten.

Nachdem Gott mir die Bedeutung von Ehrerbietung dargelegt hatte, senkte ich den Kopf und weinte. Ich erkannte, daß ich genug „Eheverstand" gehabt hatte, um zu meinem Mann äußerlich respektvoll zu sein, aber ich wußte in meinem Herzen, daß ich niemals Ehrerbietung für ihn empfunden hatte. Wir führten kaum eine Unterhaltung, bei der mein Inneres nicht gegen Franks Worte rebellierte.

Ich hatte nie im geringstem über die Stellung nachgedacht, in die Gott ihn eingesetzt hatte. Ich bereute und sagte: „Gott, das wußte ich nicht. Von heute an werde ich meinem Mann gegenüber nicht mehr respektlos sein; weder in Worten noch in Gedanken oder Taten. Und wenn ich fallen sollte, Vater, werde ich zu ihm gehen und ihn um Vergebung bitten." Von diesem Augenblick an änderte sich mein Leben vollkommen. Das erste, was ich feststellte, war, daß all die lautstarken Dialoge in mir aufhörten. Haben Sie sich je die vielen Gespräche bewußt gemacht, die sie mit ihrem Mann in Gedanken führen? Viele Male tobte ich, wenn Frank den Raum betrat, und er hatte kein Wort gesagt.

Als ich Buße tat, erlebte ich einen Frieden, den ich nicht für möglich gehalten hatte. Im Geist beuge ich mich in Respekt vor der Position, die mein Mann einnimmt. Ich bemühe mich, Gedanken zu widerstehen, die seiner Stellung entgegenständen. Ich wußte kaum, daß schlichter Gehorsam gegenüber Gottes Wort mir eine Freiheit eröffnen würde, die ich nie gekannt hatte.

Der Gewinn, den dieser Gehorsam mit sich brachte, kann dieses Buch oder Hunderte anderer Bücher nicht fassen. Ohne daß ich Frank von meiner Entscheidung, ihn zu ehren, erzählte, begann er, sich in einer Weise zu verändern, die ich in den ersten 15 Jahren unserer Ehe nie für möglich gehalten hätte. Wieder und wieder beobachtete ich, wie er anfing, Dinge zu tun, von denen ich nur geträumt hatte. Und ich begann, meine eigene Rolle als „Gehilfin" immer klarer zu sehen.

Eine Frau, eine Gehilfin

„Und der Mensch gab einem jeden Vieh und Vogel unter dem Himmel und Tier auf dem Felde seinen Namen; aber für den Menschen ward keine Gehilfin gefunden, die um ihn wäre... Und Gott der Herr baute ein Weib ... und brachte sie zu ihm" (1. Mose 2, 20 + 22).

Geht es Ihnen wie mir? Bis vor kurzem dachte ich, eine Gehilfin sein hieße, das Haus zu putzen, mich um die Kinder zu kümmern und allgemein die Dinge in Ordnung zu halten. Erst als ich begann, Frank zu respektieren, und einige Zeit des Wachstums verstreichen ließ, nahm das Wort „Gehilfin" eine neue Bedeutung an – die Bedeutung, die Gott ursprünglich beabsichtigte.

Die Bereiche, in denen ich versucht hatte, mich nützlich zu machen, sind sicher zum täglichen Leben nötig. Mein Mann könnte jedoch für jede dieser Tätigkeiten jemanden einstellen. Was ich Frank jedoch in unserer Beziehung gebe, kann von niemandem außer mir, Bunny, – seiner Frau – ausgefüllt werden. Ich bringe ihm ein Gegenstück zu seiner eigenen Persönlichkeit. Wenn eine Frau eine echte Gehilfin ist und die zwei „eins" werden, ist dieses „Eine" vollständig und vollkommen.

Jeder Mann und jede Frau sind in einigen Aspekten des Lebens unzulänglich. Ich bin zu dem Verständnis gelangt, daß ich, wenn ich mich geistlich entwickle, immer mehr die Ergänzung werde, die mein Mann braucht, um positive Dimensionen für seinen Charakter und seine Persönlichkeit zu gewinnen. Ebenso bringen Franks scharfsichtiger, praktischer Standpunkt und seine männliche Sichtweise meine eher emotionale Art, ans Leben heranzugehen, ins Gleichgewicht.

Glaube und Freiheit

In dem Bemühen, die Frau zu sein, die am besten der Rolle der Gehilfin entsprechen kann, habe ich begonnen, über Gott „Tag und Nacht" nachzudenken. Über Monate und Jahre habe ich mehr von seiner Wahrheit verstanden. Und diese Wahrheit hat mich frei gemacht. Ich bin frei zu leben, frei zu lieben, frei, Gottes unerklärlichen Reichtum an Weisheit, Verständnis und Wissen zu entdecken. Im Gehorsam gegenüber Gottes Wort ist mein Geist sanfter und ruhiger geworden.

Ich habe gelernt, 1. Petrus 3, 1–5 zu verstehen: „Desgleichen sollt ihr Frauen euch euren Männern unterordnen, damit auch die, die nicht an das Wort glauben, durch das Leben ihrer Frauen ohne Worte gewonnen werden, wenn sie sehen, wie ihr in Reinheit und Gottesfurcht lebt. Euer Schmuck soll ... sein ... der verborgene Mensch des Herzens im unvergänglichen Schmuck des sanften und stillen Geistes: das ist köstlich vor Gott. Denn so haben sich vorzeiten auch die heiligen Frauen geschmückt, die ihre Hoffnung auf Gott setzten und sich ihren Männern unterordneten."

Warum ist eine Frau mit einem sanften und stillen Geist köstlich vor Gott? Was macht etwas kostbar? Seine Seltenheit! Frauen, die einen sanften und stillen Geist haben und ihrem Mann mit Respekt begegnen, sind in der Tat selten. Wollen Sie eine dieser Frauen sein?

Es ist wichtig, daß unsere Vision für unsere Ehe und Gottes Vision dieselbe sind. Unterordnung ist wie Liebe ein Akt unseres Willens und gilt nicht nur denjenigen, die aufrichtig wünschen, gehorsame Kinder Gottes zu sein. Wagen wir es, Christus, der auf dem Richterstuhl sitzen wird, gegenüberzustehen, wenn wir die gleiche Sünde begangen haben wie Eva? Sie rebellierte gegen Gottes wundervollen Plan für ihr Leben. Die Anweisungen sind klar: *Frauen, ordnet euch unter.* Wir müssen im Glauben vertrauen, daß Gott weiß, was er tut.

„Verlaß dich auf den Herrn von ganzem Herzen, und verlaß dich nicht auf deinen Verstand, sondern gedenke an ihn in allen deinen Wegen, so wird er dich recht führen" (Sprüche 3, 5–6).

Sollten Sie je gefragt werden: „Sind Sie eine Frau, die sich unterordnet?", hoffe ich, daß Sie antworten werden: „Ja, ich bin eine Frau der Stärke, des Glaubens und der Macht!"

Dann können Sie lächeln, während Ihre Befrager mit verwirrtem Blick gehen!

7

Was Frauen häufig fragen

Mein Mann weigert sich, in unserer Familie die Führungsrolle zu übernehmen. Ich möchte mich unterordnen, aber er trifft keine Entscheidungen. Was kann ich tun?

Nun, wie wir wissen, hat er eine Entscheidung getroffen. Er hat beschlossen, Sie zu heiraten, das heißt, er kann erstklassige Entscheidungen treffen! Vielleicht braucht er Ihre Zusicherung, daß Sie sein Urteil wertschätzen.

Wenn eine Frau die Rolle übernimmt oder sich aus anderen Gründen in der Rolle des Familienoberhauptes befindet, nimmt sie gewöhnlich bestimmte Haltungen gegenüber ihrem Mann ein: eine ist Verachtung, die andere Respektlosigkeit. Und keine dieser Reaktionen bewirkt, daß ihr Mann ein besserer Führer wird. Gott schuf sowohl Mann als auch Frau mit einem Ego. Wird das Selbstwertgefühl eines Mannes in angemessener Weise bestätigt, hilft ihm die Ermutigung, die er empfängt, all das zu werden, was er sein kann. Wie oft haben wir die Aussage gehört: „Hinter jedem erfolgreichen Mann steht eine tüchtige Frau"? Hat ein Mann als Kind in der Familie nie Führung erlebt oder nur eine verzerrte Form davon, kann es sein, daß er seiner Verantwortung aufgrund von Unwissenheit und Angst ausweicht. Es gibt einige Dinge, die Sie tun können.

1. Es ist wichtig, Markus 10, 27 zu glauben: „Alle Dinge sind möglich bei Gott." Wir müssen glauben, daß Gott alles tun kann, d. h. er kann auch unsere Männer lehren zu führen.
2. Glauben Sie, daß Gott Ihnen die Weisheit geben wird, die Sie in Ihrer speziellen Situation brauchen. In Jakobus 1, 5–6 heißt es: „Wenn es aber jemandem unter euch an Weisheit mangelt,

so bitte er Gott, der jedermann gern gibt und niemanden schilt; so wird sie ihm gegeben werden."

3. Wenden Sie 1. Thessalonicher 5, 14 an: „Tröstet die Kleinmütigen, tragt die Schwachen, seid geduldig gegen jedermann."

Wenn die Schrift „jedermann" sagt, schließt das Ihren Mann ein! Beginnen Sie nach Dingen zu suchen, die er richtig tut, und fangen Sie an, ihm das Lob auszusprechen, das er verdient. Wenn Sie es wie Medizin dreimal täglich verabreichen, werden Sie über seine Reaktion überrascht sein. Achten Sie aber darauf, daß es ein ehrliches Lob ist – kein manipulierender Trick.

4. Wenden Sie Epheser 5, 33 im Glauben an: „Die Frau aber ehre den Mann."

Diese Bibelstelle lehrt uns, unsere Männer über alles zu lieben. Nun denken Sie vielleicht: „Bunny, Sie kennen meinen Mann nicht!" Es fällt Ihnen vielleicht schwer zu glauben, aber der Herr wußte alles über Ihren Mann, als er diesen Vers verfaßte. Gott ist allwissend.

Die meisten Ehemänner neigen dazu, unseren Erwartungen zu entsprechen, wenn sie aufrichtig glauben, daß wir zu ihnen aufschauen. Ich möchte Sie ermutigen, wirklich zuzuhören, wenn Ihr Mann das nächste Mal beginnt, über irgendein Thema zu reden. Schauen Sie ihn an, wenn er redet, und geben Sie ihm zu verstehen, daß Sie es zu schätzen wissen, daß er mit Ihnen redet. Sie werden überrascht sein, wie viel Ihr Mann Ihnen erzählen wird, wenn Sie nur zuhören. Aber noch einmal, seien Sie aufrichtig.

5. Achten Sie darauf, daß Ihr Herz in der richtigen Verfassung ist. Jesaja 26,3 sagt: „Wer festen Herzens ist, dem bewahrst du Frieden; denn er verläßt sich auf dich."

Denken Sie immer daran, daß Sie nicht aus eigener Kraft fähig sind, Änderungen hervorzubringen. Gott wird Sie jedoch als sein Werkzeug benutzen. Wenn Sie Ihr Herz auf Jesus konzentrieren (ein festes Herz haben) und vertrauen, daß er die Änderung bewirken wird, werden Sie nicht enttäucht werden, wenn es so aussieht, als ob Ihr Mann sich nicht schnell genug ändert. Vergessen Sie nie, Ihre größte Herausforderung ist möglicherweise nicht, ihn zum Führen zu bringen; sie kann darin liegen, Sie zu veranlassen, sich unterzuordnen, wenn er die Führung übernimmt!

Hilfe, mein Mann ist nicht gerettet! Wie kann ich mich seinen Entscheidungen unterordnen, wenn ich weiß, daß er nicht von Gott geführt wird?

„Am fremden Joch" ziehen ist eine schmerzliche und herausfordernde Angelegenheit. Da gibt es natürlich Meinungsverschiedenheiten über verschiedene Themen, über Fragen des Gottesdienstbesuches und über widersprüchliche Wertsysteme. Noch tragischer ist jedoch der geistliche Kampf, der zu Hause stattfindet. Eine bedrückende, dunkle Atmosphäre kann eine Familie überschatten, in der ein Ehegatte nicht dem Herrn gehört.

Ein Christ, der mit einem Nichtchristen verheiratet ist, muß ständig Gottes Gemeinschaft, seine Leitung und seinen Schutz suchen. Freunde, die ihn unterstützen, für ihn beten und biblischen Rat geben können, sind lebenswichtig. Und ein Glaube, der der Versuchung widersteht zu urteilen, zu predigen oder in irgendeiner Weise zu manipulieren, ist eine absolute Notwendigkeit.

Selbst wenn der Mann nicht von Gott geführt wird, verspricht Gott doch, für seine Kinder zu sorgen. Und er ist die feierliche Verpflichtung eingegangen, daß uns alle Dinge zum Besten dienen. Mit einem Nichtchristen verheiratet zu sein ist hart, aber manchmal ist das Ergebnis ein großes Wunder!

Scott, ein lieber Freund von mir, stellte eines Tages, als er nach Hause kam, fest, daß sich seine Frau anders verhielt. Er konnte seinen Finger nicht genau darauflegen, aber sie waren lange genug verheiratet, daß er die Änderung spüren konnte. Da war ein Ausdruck in ihren Augen, den er nie zuvor gesehen hatte.

Die Zeit verging, und Scott bemerkte, daß Situationen und Umstände, die sie früher an die Decke hätten gehen lassen, sie aus irgendeinem Grund nicht zu stören schienen. Selbst sein Lieblingsspruch, den er nur verwendete, wenn er sie wirklich wütend machen wollte, brachte keine Reaktion. Sie war liebevoll, aber verändert. Nach gründlichem Nachdenken erkannte er schließlich, was geschehen war: Sie hatte ein Verhältnis mit einem anderen Mann!

Alle Teile schienen zusammenzupassen, und er beschloß, seinen Verdacht zu bestätigen. Da seine Arbeitsstelle nur 20 Autominuten entfernt lag, begann er, zwei- oder dreimal nach Hause zu fahren, um sie mit ihrem Liebhaber zu erwischen. Seltsamerweise schien sie immer freudig überrascht, ihn zu sehen.

Nach einigen Monaten lud sie ein Freund zu einer Gesellschaft ein, die sich als eine Zusammenkunft von Christen herausstellte. Während des Abends näherte sich ihm eine ältere Dame und begann, ihm die Liebe Christi zu bezeugen. Etwas an ihr schien so vertraut. Er starrte sie durchdringend an. Dann sah er es! Es waren ihre Augen. Seine Frau hatte den gleichen Ausdruck in den Augen, und dennoch hatte sie niemals Jesus erwähnt.

In diesem Augenblick wußte Scott, daß seine Frau den Herrn gefunden hatte. „Wenn Jesus diesen Unterschied in ihrem Leben bewirken kann", dachte er, „möchte ich ihn auch in meinem Leben." Noch am gleichen Abend gab er sein Leben dem Herrn. Er ist heute im vollzeitlichen Dienst und ist landesweit für seine Liebe zu den Menschen und seine Hingabe an Jesus Christus bekannt. Seine Frau machte 1. Petrus 3, 1 lebendig: „Desgleichen sollt ihr Frauen euch euren Männern unterordnen, damit auch die, die nicht an das Wort glauben, durch das Leben ihrer Frauen ohne Worte gewonnen werden."

Mein Mann möchte das Geld verwalten, aber wegen ihm ist unsere finanzielle Situation eine Katastrophe. Ich bin viel geeigneter, in diesem Bereich zu bestimmen. Wie läßt sich Unterordnung in diesem Fall anwenden?

Das ist eine schwierige Frage. Sie ist deshalb so schwierig zu beantworten, weil uns Geld so am Herzen liegt. Wenn es eine Sache gibt, die Mann und Frau davon abhält, Gottes Wille zu erfüllen, ein Fleisch zu werden, ist es das Geld – zumindest meistens.

Gott ist daran interessiert, wie wir mit unseren Finanzen umgehen. Die Schrift spricht häufig über den Fallstrick des Geldes und seine Macht. In diesem Fall sollten Sie sich also fragen: „Was möchte Gott in diesem Bereich für meinen Mann?"

Die Antwort lautet natürlich, Gott möchte, daß er ein weiser und guter Verwalter ist. Deshalb ist zunächst sicher, daß Gott auf

Ihrer Seite ist – Sie und Gott wollen beide das gleiche. Hier handelt es sich jedoch um ein Gebiet, das in der Regel Zeit und Geduld von seiten der Frau erfordert.

Wir müssen ständig das Hauptziel unserer Ehe im Auge behalten, nämlich ein Fleisch zu werden. Die Gehilfin Ihres Mannes zu sein bedeutet nicht notwendigerweise, daß Sie den Auftrag haben, in diesem Bereich seiner Schwäche die Führung zu übernehmen. Es bedeutet statt dessen, daß Sie glauben sollen, daß Gott die Unzulänglichkeiten seines Lebens in Ordnung bringen kann.

Ich habe eine enge Freundin, die eine ähnliche Situation wie die Ihre erlebte. Eines Tages beschloß ihr Mann, daß er die Finanzen übernehmen wollte, und fragte sie nach dem Scheckbuch. Jedesmal, wenn er dies in der Vergangenheit getan hatte, hatte ihre finanzielle Situation in einem Chaos geendet. Sie hatte sich ihm in anderen Gebieten untergeordnet und gesehen, wie der Herr in ihrer Beziehung Wunder gewirkt hatte. Es war ein großer Glaubensschritt für sie, aber sie gab ihm das Scheckbuch.

Meine Freundin sagte ihrem Mann, daß sie ihn nicht fragen werde, wie er das Geld ausgebe und daß sie sich auch keine Sorgen darüber machen werde. Sie sagte, sie glaube, daß Gott ihn leite und daß sie seinem Urteil vertraue. Zu ihrer Überraschung bezahlte er zwei Monate lang alles rechtzeitig. Dann kam er eines Tages heim, gab ihr das Scheckbuch und sagte, daß er es satt habe, sich damit zu befassen!

Das erinnert mich an ein Lied, das wir in unserer Gemeinde singen: „Für Gott ist nichts zu schwer."

Mein Mann und ich sind Christen. Wir heirateten sehr jung. Er ging seinem Beruf nach, und ich studierte, um einen akademischen Grad zu erlangen. Wir leben im gleichen Haus, aber wir sprechen verschiedene Sprachen. Er scheint sich seit unserer Hochzeit kein bißchen weiterentwickelt zu haben. Die intellektuellen Anreize, die ich bekomme, erhalte ich an meiner Arbeitsstelle. Wie kann ich mich einem Mann unterordnen, wenn ich seine Denkweise oder seine Fähigkeit, Entscheidungen zu treffen, nicht respektiere?

Respekt ist relativ. Wenn Sie Ihren Mann mit den liebenswürdigen, weltmännisch-weisen Herren an Ihrer Arbeitsstelle vergleichen, wird er immer den kürzeren ziehen. Wenn Sie ihn mit den Aussagen im Wort Gottes vergleichen, sehen Sie, daß er ein königlicher Priester und Miterbe Jesu Christi ist, der alles besitzt. Ich bin sicher, einige Männer an ihrem Arbeitsplatz erreichen dieses Niveau nicht! In Philipper 3, 8 faßte Paulus zusammen, was er über seine Bildung (und er war ein Gelehr-ter) dachte: „Ja, ich erachte es noch alles für Schaden gegenüber der überschwenglichen Erkenntnis Christi Jesu, meines Herrn."

Als Christ ist Ihr Mann auch gegenüber manch einer gebildeten Person im Vorteil. In Psalm 111, 10 heißt es: „Die Furcht des Herrn ist der Weisheit Anfang."

Wir dürfen nie zulassen, daß Satan uns bezüglich weltlicher „Weisheit" verwirrt. Unsere Reise geht durch ein ödes Land, und diese Welt ist nicht unsere Heimat. Auch wenn Ihr Mann kein Universitätsdiplom hat, ist der Herr in der Lage, ihn zu segnen, so daß jeder ihm zuhört, wenn er redet. Sie müssen nur dafür offen sein, es zu empfangen. Außerdem, denken Sie daran, wieviel Sie einander mitteilen können, wenn Sie beide Ihre Abwehrhaltung aufgeben. Ich möchte Sie ermutigen, beide Sprachen fließend sprechen zu lernen!

Zusätzlich zu diesen Bemühungen, möchte ich Sie ermuntern, um eine Gruppe von Freunden zu beten, mit denen Sie zusammensein können. Was immer Ihr Interessengebiet ist, in Zeiten, wo Ihr Mann arbeiten muß oder beschäftigt ist, kann Gott für anregende Gesellschaft sorgen, die Ihre Ehe in keiner Weise bedrohen wird.

Ich bin erst seit kurzem Christ und eine mißhandelte Frau. Ich war auch ein Opfer von Inzest als Kind. Mein Mann ist nicht gerettet, und ich bemerkte kürzlich, daß er unsere Tochter lüstern anstarrt. Ich möchte bei ihm bleiben und Gott glauben, aber ich habe Angst zu bleiben und Angst zu gehen. Wie soll ich Unterordnung in diesem Fall verstehen?

Ihre Situation ist einer dieser extremen Umstände, der die Leitung eines Beraters benötigt, der Gottes Prinzipien versteht und göttliche Weisheit hat, Vorschläge zu machen, die möglicherweise Ihre Kinder retten können – und vielleicht sogar Ihre Ehe. Sie müssen unbedingt christlichen Rat suchen, und ich möchte Ihnen wärmstens empfehlen, Ihren Pastor zu bitten, Ihnen jemanden zu nennen, dem er vertraut. Vielleicht müssen Sie einige Zeit von Ihrem Mann getrennt leben, während der Herr an ihm arbeitet. Ein Berater kann helfen, die beste Entscheidung zu treffen.

Mein Mann hat ein Verhältnis mit einer anderen Frau, und er hält es noch nicht einmal geheim. Sollte ich in dieser Situation bei ihm bleiben und mich seiner Führung unterordnen?

Ich habe erlebt, wie viele Ehen aufgrund dieser verheerenden Sünde zu Ende gingen. Eine Ehe, ebenso wie unsere Beziehung zu dem Herrn, gründet auf Vertrauen. Wenn dieses Vertrauen verletzt wird, kann nur die Agapeliebe, (die bedingungslos ist), die Beziehung zusammenhalten. Es ist Gottes Wunsch, daß wir uns gegenseitig gemäß 1. Korinther 13, 4–8 lieben: „Die Liebe ist langmütig und freundlich, sie sucht nicht das Ihre; sie erträgt alles, sie glaubt alles, sie hofft alles, sie duldet alles. Die Liebe hört niemals auf."

Manchmal jedoch sind die durch Ehebruch verursachten Wunden sehr tief, und es ist für Männer und Frauen zu schmerzlich, die zerbrochene Ehe fortzusetzen. Gott hat in seinem Wort denjenigen Freiraum gelassen, die Opfer von Untreue wurden.

Auf der anderen Seite möchten Sie vielleicht an Ihrer Ehe festhalten und dafür beten, daß Ihr Mann letzten Endes Buße tut. Wenn ja, könnte es sein, daß Gott Ihnen den Glauben an ein Wunder gibt! Ich sah kürzlich in einem christlichen Fernsehsender ein Interview mit einem Ehepaar. Der Mann war zehn Jahre lang ganz unverhohlen untreu gewesen. Er machte es tatsächlich bekannt, daß er eine gewisse Anzahl von Tagen mit seiner Geliebten und bestimmte andere Tage mit seiner Frau verbrachte.

Die Frau sah, wie Satan sein Leben im Griff hatte, sie war jedoch bereit, festzustehen und darauf zu warten, daß Jesus den Sieg bringen würde. Sie umgab sich mit anderen Christen, die ständig für ihre Beziehung und für die Rettung ihres Mannes beteten. Nach zehn Jahren nahm er Christus an, und er gab seine Geliebte auf. Nun reist dieses Ehepaar durch das Land und bezeugt die Macht Gottes, sie kümmern sich um Ehepaare, die der gleichen Herausforderung gegenüberstehen.

Wenn diese Frau das Handtuch geworfen hätte, hätten es ihre christlichen Freunde sicher verstanden, und sie wäre auch in der Lage gewesen, ihre Handlungsweise biblisch zu rechtfertigen. Aber weil sie Gott vertraute, befreite er sie und segnete sie reichlich.

Als sie gefragt wurde, ob sie je Reue empfinde über die Jahre, die sie opferte, indem sie darauf wartete, daß sich ihr Mann änderte, antwortete sie: „Gott heilte nicht nur meinen Mann, er heilte meine Gedanken und entschädigte für die Zeit."

Ich habe ernsthaft versucht, mich meinem Mann unterzuordnen, aber er tut so viele Dinge, um mich zu ärgern. Gerade wenn ich denke, alles läuft gut, tut er etwas Dummes! Wie kann ich stehenbleiben und nicht so oft hinfallen?

Sich unterzuordnen lernen ist wie Klavierspielen lernen. Jesus kam und spielte die Komposition fehlerlos, um uns zu zeigen, daß es möglich ist. Wenn wir versuchen die gleiche Komposition zu spielen, beginnen wir gewöhnlich mit zwei Fingern und arbeiten uns dann hoch.

In einem Lied heißt es: „Gib der Versuchung nicht nach, denn das ist Sünde. Jeder Sieg wird dir helfen, einen weiteren zu erringen." Klavierlehrer wissen, daß es eine Weile dauern wird, bis ihre Schüler gut spielen können und deshalb zeigen sie Geduld. Der Herr weiß das auch. Was die ärgerlichen Charakterzüge Ihres Mannes betrifft, hat jeder solche Züge. In meiner Ehe habe ich entdeckt, daß Angriff die beste Verteidigung ist.

Wahrscheinlich können Sie eine Liste der Dinge anfertigen, die Ihr Mann tut und die Sie ungeheuer ärgern. Ich hatte meine eigene Liste. Und natürlich konnte Frank meine Fehler aufzählen. Eines Tages sagte ich dem Herrn, daß er mir zeigen solle, wie ich von den ärgerlichen Eigenschaften meines Mannes befreit werden könnte. Lassen Sie mich eine wahre Begebenheit erzählen.

Frank hatte die Gewohnheit, in die Küche zu kommen, während ich das Essen vorbereitete. Er stellte dann Fragen, die mich dazu zwangen, in meiner Arbeit innezuhalten und mich auf ihn zu konzentrieren. Deshalb ging ich jedes Mal fast an die Decke. Ich bin sowieso nicht die beste Köchin (mein Feuermelder ist meine Essensglocke!), und ich versuche, alles zu planen, damit es gleichzeitig fertig ist. Jede Kleinigkeit kann mich aus der Bahn werfen. Meine Bitten an Frank, mich nicht zu unterbrechen, blieben jedoch unbeachtet.

Eines Tages, als er die Küche verlassen hatte, war ich hitziger als die gebackenen Kartoffeln im Ofen. Ich bat den Herrn, mir meine Haltung zu vergeben, sagte ihm aber, daß ich nicht wüßte, wie ich verhindern könne, ärgerlich zu werden.

Der Herr antwortete: „Nun, Bunny, du weißt, daß er es sowieso tut, warum akzeptierst du es nicht einfach?" Mir ging ein Licht auf, und ich dachte: „Oh, jetzt verstehe ich! Wie beim Football – Angriff ist die beste Verteidigung!" Ich sprach ein kurzes Gebet: „Herr, beim nächsten Mal, wenn Frank in die Küche kommt, während ich koche und mir eine Frage stellt, werde ich mich nicht aufregen! Herr, gib mir die Kraft, und ich gebe dir den Sieg."

Auf einmal freute ich mich auf Franks nächste „Unterbrechung." Jeden Tag, wenn ich zu kochen begann, wartete ich darauf, daß er in der Küchentür stehen würde. Als er die ersten Tage nicht kam, war ich tatsächlich enttäuscht! Dann eines Abends, als ich den Fisch wendete, hörte ich schon von weitem das vertraute Geräusch, wie er auf mich zusteuerte. Ich wurde so aufgeregt, daß ich zu lächeln begann.

„Herr", sagte ich, „laß diese Herausforderung zum Lob deines Namens führen."

Zu dem Zeitpunkt, als Frank um die Ecke bog und in die Küche kam, war mir fast zum Lachen. Natürlich bemerkte er nicht, daß ich fünf Sachen zur gleichen Zeit machte, und er fragte mit einem tiefen Stirnrunzeln: „Bunny, was haben die seltsamen Zahlen auf der Telefonrechnung zu bedeuten?"

Ich legte die Gabel, die ich in der Hand hatte, weg, ging zu ihm hin und sagte einfach, ohne jegliche Spur von Ärger: „Ich weiß nicht, Schatz. Wenn ich es herausgefunden habe, sage ich es dir!" Diesmal reagierte ich ohne eine Spur von Zorn!

Als er sich umdrehte und den Raum verließ, sah ich in Gedanken wie der Ball über den Torpfosten flog, und ich hörte die Menge brüllen, da die Heimmannschaft einen Punkt errungen hatte!

Mein Mann hat mich nie geschlagen, aber er verletzt mich mit Worten. Meinen Sie nicht, daß dies das gleiche ist?

Ich habe erlebt, wie Ehemänner und Ehefrauen sich mit Worten verletzen, und eines der schärfsten Messer könnte mit dem Schaden, den die Zunge anrichtet, nicht mithalten. Ich glaube dennoch, daß verbale und körperliche Mißhandlung zwei verschiedene Dinge sind. Die körperliche Verletzung bedroht unser Leben; die Verletzung mit Worten schadet unseren Gefühlen und unserem Selbstbild.

Sehr häufig hat ein Mensch, der gerne mit Worten verletzt, einen Hintergrund, der von Verachtung geprägt war. Solch destruktives Verhalten erfordert Gebet, ernsthafte Aufmerksamkeit und Hilfe. In diesem Fall sind Sie möglicherweise die Hilfe, die Ihr Mann braucht. Wenn eine Person Haß aussendet, der mit Liebe beantwortet wird, gibt es keinen Streit. Liebe ist die stärkste Kraft auf dieser Erde: „Nun aber bleiben Glaube, Hoffnung, Liebe, diese drei; aber die Liebe ist die größte unter ihnen."

Wenn wir entgegen unseren Gefühlen und unserem Willen handeln und uns Gottes Wort unterordnen, können wir darauf vertrauen, daß Gott zu seiner Zeit bei einem Menschen, der mit Worten verletzt, eingreifen wird. Er wird alles recht machen. Was gibt uns die Gewißheit? Die Worte: „Die Liebe hört niemals auf."

Es ist unmöglich, daß Gottes Liebe je aufhört. Selbst wenn sich die augenblickliche Situation diesem Vers zu widersetzen scheint, ist Gottes Verheißung, daß seine Liebe zu uns niemals aufhören wird. Und sie erreicht immer, was sie sich vorgenommen hat. Sie ist jedoch eines der Eigenschaften, die am schwierigsten zu praktizieren sind. Gottes bedingungslose Liebe durchkreuzt unseren menschlichen Verstand.

Eine meiner Freundinnen wurde viele Jahre mit Worten mißhandelt. Sie hörte nicht auf, für ihren Mann zu beten und ihn mit Respekt zu behandeln, aber sie lernte auch, sich selbst von den unfreundlichen Worten, mit denen sie oft angegriffen wurde, zu distanzieren. Sie tat dies, indem sie sich auf andere wichtige Dinge konzentrierte: ihre Kinder, ihre Aktivitäten, ihre Arbeit, ihre Freunde und den Haushalt. Obwohl sie von ihrem Mann verwundet und abgewiesen wurde, entwickelte sie die innere Überzeugung, daß seine Worte unwahr und unfair seien und daß sie sie nicht zu Herzen nehmen sollte. So konnte sie Gottes Liebe und Angenommensein durch die Freundlichkeit anderer Menschen erfahren.

Meine Freundin glaubte aufrichtig, daß, wenn sie die Situation Gott übergab und ihm vertraute, er letzten Endes Abhilfe schaffen werde. Sie verbrachte Stunden im Gebet und beim Bibellesen. Lebenswichtig für sie war ein kleiner Kreis verständnisvoller Freunde, die sie ermutigten und verhinderten, daß sie in Selbstdiskriminierung und Depression verfiel. Ihre Freunde erinnerten sie daran, „wer sie war", und ermutigten sie, für die positiven Dinge in ihrem Leben dankbar zu sein.

Schließlich trat eine Änderung ein. Nach 14 Jahren zynischer und bitterer Worte wurde der Ehemann mit seinem Scheitern direkt konfrontiert. Seine Kritik und Beleidigungen wurden innerhalb von Tagen zum Schweigen gebracht. Der sorgfältige und entschlossene Gehorsam meiner Freundin Gottes Stimme gegenüber brachte schließlich die Änderung.

Gottes Wort hat uns gerufen, uns ihm in vielen Bereichen unterzuordnen, die unserem Verstand und unserem Fleisch zuwiderlaufen. Welcher Mensch, der bei rechtem Verstand ist, würde seine Feinde lieben wollen oder für die beten, die ihn verächtlich ausnutzen? Gott ruft seine Kinder jedoch dazu auf, genau dies zu tun. Mißhandlung mit Worten ist für Gott nichts Neues. Sein Wort liefert dem Gläubigen für den Umgang mit verbalen Angriffen Anweisungen wie: „Segnet, die euch verfluchen" und: „Eine linde Antwort stillt den Zorn."

Ich behaupte nicht, daß es leicht sei, auf diese Weise zu reagieren. Ich bin sicher, dies ist einer der Fälle, für die Jesu Verheißung gilt: „Dulden wir, so werden wir mit herrschen."

Als Hilfe für Sie, mit dem Schmerz fertig zu werden, rate ich Ihnen, sich mit einer starken Gruppe von betenden Christen zu umgeben und sich durch Gottes Wort stärken zu lassen. Lernen Sie, sich so zu sehen, wie Gott Sie sieht. Lesen Sie Psalm 139! Sobald Sie einmal verstanden haben, wer Sie in ihm sind, kann Sie niemand mehr herunterziehen.

Und betrachten Sie es einmal aus dieser Sicht: Missionare verlassen jeden Tag ihre Heimat mit dem Auftrag, heidnische

Nationen für Christus einzunehmen. Sie haben das segensreiche Vorrecht, eine Missionarin zu sein, und Sie brauchen noch nicht einmal, einen Reisepaß zu beantragen, zu packen oder Ihr Zuhause zu verlassen!

Seit Jahren wende ich das Prinzip der Unterordnung an. Ich ordne mich meinem Mann unter und ehre ihn, aber er scheint dem Herrn kein bißchen näher zu sein, als zu dem Zeitpunkt, als ich damit begann. Es scheint, daß er mich bald verlassen wird, und ich weiß nicht, was ich tun soll.

Ich hörte einmal einen Theologieprofessor sagen, daß das Leben in Christus einer Glühbirne gleicht. Je mehr wir uns Gottes Willen und Weg beugen, um so transparenter werden wir und um so heller wird das Licht.

Wenn Sie ein Leben führen, das Gott und Ihrem Mann untergeordnet ist, scheint Ihr Licht sehr hell. Ein Ehemann, der in der Finsternis wandelt, wird sich ständig durch dieses Licht gestört fühlen. Ohne daß Sie ein Wort über Christus sagen, wird er jedes Mal in Ihrer Gegenwart überführt. Wie wir schon besprochen haben, wird es häufig so sein, daß der Ehemann sein Leben Christus übergibt.

Es gibt jedoch Fälle, in denen ein Ehemann ein verhärtetes Herz hat und sich weigert, sich Christus zu beugen. Ihr in der Kraft des Heiligen Geistes geführter Lebensstil wird ihn entweder anziehen oder von Ihnen wegtreiben. Wenn er beschließt zu gehen und Sie wissen, daß Sie Gott in Ihrem Verhalten ihm gegenüber gehorcht haben (indem Sie sich unterordneten, ihn ehrten, sich nicht sexuell verweigerten), gilt 1. Korinther 7, 15 für Sie: „Wenn aber der Ungläubige sich scheiden will, so laß ihn sich scheiden. Der Bruder oder die Schwester ist nicht gebunden in solchen Fällen."

Einige Frauen fragen: „Wie lange sollte ich in dieser Situation bleiben?" Darauf gibt wiederum 1. Korinther 7, 13 eine Antwort: „Und wenn eine Frau einen ungläubigen Mann hat und es gefällt ihm, bei ihr zu wohnen, so soll sie sich nicht von ihm scheiden."

Wenn Ihr Mann Sie jedoch verläßt und Sie ihn geliebt haben, wie der Heilige Geist Sie gerufen hat, ihn zu lieben, gibt Ihnen Gottes Wort die Rechtfertigung, ihn gehen zu lassen.

Wenn Sie sich über den Zustand Ihrer Kinder Sorgen machen, lassen Sie sich durch 1. Korinther 7, 14 erbauen und ermutigen: „Denn der ungläubige Mann ist geheiligt durch die Frau... Sonst wären eure Kinder unrein; nun aber sind sie heilig."

Kann jemals der Fall eintreten, wo es richtig ist, daß eine Frau ihrem Mann nicht gehorcht?

Dies ist wirklich eine grundsätzliche Frage. In der Zeitschrift *Today's Christian Woman* (Die christliche Frau heute) gaben zwei christliche Führungspersönlichkeiten sehr weise Antworten. Das folgende hatten sie gesagt:

Beverly LaHaye: „Bevor sich eine Frau mit Erfolg ihrem Mann unterordnen kann, muß sie sich zuerst Christus unterordnen. Sich dem Herrn unterzuordnen bedeutet, selbstsüchtige Wünsche und persönliche Rechte aufzugeben. Wir bestimmen unseren Weg und unsere Entscheidungen nicht länger allein, sondern der Heilige Geist soll unser Leben regieren.

Deshalb ist es richtig, daß eine Frau ihrem Mann nicht gehorcht, wenn er ihr Anweisungen gibt, die den biblischen Prinzipien für ein Leben als Christ zuwiderlaufen. Eine Frau muß zunächst und vor allem sorgfältig prüfen, was Gottes Wort sie zu tun lehrt. Ihre oberste Priorität sollte der Gehorsam gegenüber ihrem himmlischen Vater und dann der Gehorsam gegenüber ihrem Ehemann sein."

Patricia Gundry: „Natürlich. Es ist unbedingt erforderlich, daß christliche Frauen jedem Gehorsam verweigern, der versucht, Gott von seinem Platz in ihrem Leben zu verdrängen oder sie dazu zu bringen, ihr eigenes Gewissen zu verletzen. Eine andere Handlungsweise erklärt die Lehre der Priesterschaft aller Gläubigen für nichtig und macht das Christentum nur zu einer anderen Religion mit einem anderen Gott statt zu einer persönlichen Beziehung zwischen dem lebendigen Gott und dem einzelnen Gläubigen."

Ich persönlich halte beide Aussagen für richtig.

8

Unterordnung und Alleinstehende

Entscheidungen! Entscheidungen! Entscheidungen! Dieses Wort beschreibt das Leben eines Alleinstehenden in treffender Weise. Ungebundene Männer und Frauen werden mit zahllosen Alternativen konfrontiert, bezüglich der Wahl des Berufs, des Wohnortes... Die Liste könnte endlos fortgesetzt werden. Und zweifellos ist die größte Frage: Sollte ich planen zu heiraten?

Heiraten oder nicht?

Im Gespräch mit vielen Ledigen habe ich festgestellt, daß die Lebensweise der Unverheirateten oft kompliziert und frustrierend ist. Dies war nie Gottes Absicht.

„Ich möchte aber, daß ihr ohne Sorge seid. Wer ledig ist, der sorgt sich um die Sache des Herrn, wie er dem Herrn gefalle" (1. Korinther 7, 32).

Paulus war der festen Überzeugung, daß Ledigsein das Beste sei. Zeit, Begabungen und finanzielle Mittel können ungestört auf den Herrn ausgerichtet sein. Keine äußeren Bindungen behindern ein Leben, das frei ist, vom Heiligen Geist geleitet zu werden. Obwohl es Menschen wie Paulus gibt, die ihr Leben Christus hingegeben und nicht die Absicht haben, je „den Bund fürs Leben zu schließen", sind diese Personen selten und offensichtlich die Ausnahme. Gott stellt ein großes und mächtiges Werk solchen „spezialisierten" Soldaten auf dem Schlachtfeld des Lebens zur Verfügung.

Aber Tatsache ist, daß eine große Mehrheit von Alleinstehenden sich immer noch wünscht zu heiraten, und die Jahre, die der

Ehe vorausgehen, sind entscheidend. Wenn Sie mit der Zeit der Vorbereitung auf die Partnerschaft nicht richtig umgehen – im geistlichen, emotionalen, geistigen und körperlichen Bereich –, kann sich dies auf Ihre Ehe nachteilig auswirken, manchmal mit katastrophalen Ergebnissen.

Viele ledige Frauen sagten mir: „Ich bin nicht sicher, ob ich heiraten kann. Ich weiß nämlich nicht, ob ich fähig bin, mich einem Ehemann unterzuordnen." Dagegen hat mir noch nie ein lediger Mann gesagt: „Ich bin nicht sicher, ob ich heiraten kann, ich weiß nämlich nicht, ob ich in der Lage sein werde, meine Frau und meine Familie zu führen." Beide Beispiele spiegeln eine verzerrte Vorstellung von der Führungsrolle und der Unterordnung wider. Falls Sie, da sie unverheiratet sind, die anderen Kapitel übersprungen haben, ist es wichtig, daß Sie zurückblättern und die Kapitel 2 und 3 lesen. Sie werden Ihnen ein klareres Verständnis von Unterordnung im weiteren Sinn vermitteln.

Ledige sind dazu berufen, sich Gottes Wort unterzuordnen, ihrem Pastor, ihren Eltern (wenn sie zu Hause wohnen), ihrem Arbeitgeber und der Obrigkeit. Das Ausmaß, in dem sie bereit sind, sich in diesen Umständen zu beugen, wird sich in ihrer Fähigkeit, sich Gottes Plan für die Ehe unterzuordnen, widerspiegeln. Seltsamerweise denken manche, daß sie, sobald sie sich ihr Jawort gegeben haben, in der Lage sind, sofort und mühelos in die Verantwortung der Führung und der Unterordnung zu starten. Kein Wunder, daß es so viele Zusammenstöße gibt!

Als Oprah Winfrey bei unserem Auftritt in ihrer Sendung Paare in das Studio einlud, die in Kürze heiraten wollten, mußten Frank und ich feststellen, daß in dem Raum überdurchschnittlich viele falsch informierte Männer und Frauen waren. Wenn es einen roten Stempel mit der Aufschrift: „Scheidung garantiert" gäbe, wäre er wahrscheinlich auf einen großen Prozentsatz der dort versammelten verlobten Paare gedrückt worden. Viele von ihnen waren offensichtlich „unabhängige Denker". Und die meisten von ihnen waren auf dem besten Weg, in Schwierigkeiten zu geraten!

Unterordnung ist eine Haltung, die sich über das Unverheiratetsein bis in die Ehe erstreckt. Sie beginnt nicht mit dem Tag, an dem Sie heiraten; sie beginnt heute. Und sie spielt eine wesentliche Rolle bei allem, was Sie tun.

Entwickeln Sie „Muskeln" für Unterordnung

Unterordnung kann wie ein Muskel stark oder schwach sein, das hängt von dem Ausmaß an Training ab, das er erhält. Die Muskeln für Unterordnung einer unverheirateten Person sollten ebenso stark sein wie die von verheirateten Männern und Frauen.

Und wie können diese „Muskeln" für Unterordnung bei Ledigen entwickelt werden? Nun, zunächst einmal entwickeln sie sich nicht, wenn die Person sich jedesmal, wenn die Dinge zu schwierig werden, zurückzieht. Wenn eine Beziehung lästig wird, können Alleinstehende immer die Flucht ergreifen, um sich einige Tage „abzureagieren". Anders in der Ehe – weder Führungsqualitäten noch die Fähigkeit zur Unterordnung reifen durch die Flucht heran!

Einer der „muskelaufbauenden" Vorschläge, die ich Unverheirateten mache, ist, einer Gruppe von Christen, die eng mit dem Herrn verbunden sind, anzugehören. Diese Männer und/oder Frauen sollten Gottes Wort studieren, eine bibeltreue Gemeinde besuchen und Christus in ihrem Leben sichtbar werden lassen. Indem sie anderen für ihre Taten und Entscheidungen verantwortlich sind und indem andere sich vor ihnen zu verantworten haben, begegnen Unverheiratete neuen und anregenden Herausforderungen.

Seit 13 Jahren treffe ich mich einmal wöchentlich mit einer kleinen Gruppe von Frauen – alleinstehenden und verheirateten. Unser Treffen hat kein Programm. Es ist kein Bibelstudium, obwohl wir unsere Bibeln benutzen. Es ist kein Gebetstreffen, obwohl wir beten. Wir sind eine Gruppe von Frauen, die motiviert sind, zusammen in verbindlichen Beziehungen zu leben. Wir gehören verschiedenen Konfessionen an, und derjenige, der uns verbindet, ist Jesus Christus. Wir bemühen uns ernstlich darum, daß der Heilige Geist unsere Zeit zusammen leiten kann, und wir schütten einander frei und offen unser Herz aus.

Es gab Zeiten, in denen verschiedene Beziehungen belastet wurden, aber wir sind entschlossen, Probleme zusammen durchzustehen und geeignete Lösungen zu finden. Hin und wieder ist ein Besucher bei uns. Wir erklären rasch den Zweck unseres Zusammenseins, denn es kann für einen Außenseiter schockierend wirken, wenn wir beginnen, uns gegenseitig zur Verantwortung zu ziehen. Aber die Ergebnisse sprechen für sich: Die Beendigung dieses Buches habe ich zum großen Teil dem ständigen Interesse meiner unbezahlbaren Freundinnen zu verdanken.

Eine Begebenheit, die sich vor kurzem ereignete, ist ein Beispiel für den Schmerz und den Segen, den es mit sich bringt, sich für andere verantwortlich zu fühlen und sich einander unterzuordnen. Ich erzähle Ihnen von einer alleinstehenden Frau in unserer Gemeinschaft –, nennen wir sie Joann.

Eine Lektion über Verantwortlichkeit

Wir waren gerade mitten in einem unserer Treffen, als Joann eilig um die Ecke bog und auf unseren Tisch zusteuerte. Da wir in ein Gespräch vertieft waren, nahmen wir ihre Anwesenheit höflich zur Kenntnis und kehrten zu unserer Diskussion zurück.

Gegen Ende des Mittagessens machte Joann ein paar, wie es zunächst schien, zufällige Bemerkungen. Sie sagte: „Wißt Ihr, manchmal ist es schwer zu wissen, wo man hingehen und was man tun soll. Kürzlich traf ich einen Mann namens James im Fitneßcenter, und wir kamen ins Gespräch. Er hat einige Probleme, und ich will ihm helfen.

Nachdem wir uns begegnet waren, erinnerte ich mich an das, worüber wir hier in der Gemeinschaft vor einigen Wochen gesprochen hatten ... darüber, für die Seelsorge an einem Mann einen Bruder zu finden. Aber da ich niemanden finden konnte, habe ich ihn selbst durch das Wort Gottes ermutigt. Ich brauche euer Gebet."

Eine der Frauen fragte sanft: „Bist du dabei, dich zu verlieben?" Joanns überraschter Ausdruck zeigte, daß sie diese sehr strategische Frage nicht erwartet hatte!

Sie antwortete zögernd: „Nun, man könnte sagen, Ja." Als sie begann, mehr und mehr über den jungen Mann zu erzählen, läutete bei uns allen die Alarmglocke!

Uns allen waren Joanns persönliche Umstände wohl bewußt. Sie war wunderschön, witzig und aktiv für den Herrn und wartete schon lange auf den Mann, den Gott für sie hatte. Ihr Traum von einer großen Familie wurde täglich in Frage gestellt, denn jeder Geburtstag brachte sie näher an die 40 heran.

Da wir dies alles wußten, begann eine nach der anderen aus tiefer Sorge um Joann, ihre Bedenken bezüglich James zu äußern. Joannn begann zu weinen. Sie erzählte uns weiter, daß ihre Zimmergenossin eine Beziehung zu einem Mann aufgenommen hatte, der jeden Tag, wenn Joann heimkam, da war. Und er war nicht nur da, sondern häufig waren er und ihre Zimmergenossin gerade dabei, sich leidenschaftlich zu umarmen. Sie schluchzte: „Ich möchte auch jemanden, der mich in den Arm nimmt! Ich möchte jemanden, der mir zuhört und der sich für mich interessiert. Und James hat trotz all seiner Fehler dieses Vakuum in meinem Leben ausgefüllt."

So hatte Joann innerhalb von zwei Wochen (sie war in der vergangenen Woche nicht bei unserem Treffen gewesen) in einem verwundbaren Gemütszustand jemanden getroffen und begann, „sich zu verlieben". Wir gaben ihr den Rat, daß die Freundschaft sicher nicht das Beste, was Gott ihr geben wollte, zu sein schien. Eine der Frauen versprach, ihrem Mann James Namen zu geben und ihn zu bitten, James in seinen geistlichen Nöten zu helfen. Joann war einverstanden, aber ihre Augen verrieten, daß sie der Meinung war, sie kenne James Nöte am besten.

Würde Joann die Kraft aufbringen, ihn aufzugeben? Sie meinte, ja.

Am Abend des gleichen Tages sah ich sie bei einer Versammlung. Als sie durch die Tür ging, sagte sie über die Schulter: „Bete für James! Er ist im Gefängnis!" Ich dachte mir: „Zum Glück ist das vorbei."

In der folgenden Woche telefonierten wir miteinander, wobei Joann erwähnte, daß sie James im Gefängnis besucht hatte. Dann erzählte sie mir, daß seine Ex-Frau irgendwie ihre Adresse gefunden hatte und unerwartet gekommen war und ihr alles mitgeteilt hatte, was James falsch gemacht hatte. Offensichtlich hatte sie dem häßlichen Bericht keinen Glauben geschenkt. Ich konnte fühlen, daß sich ihre Loyalität gegenüber James vertiefte.

Ich war frustriert! Ich fragte sie mit fester Stimme: „Joann, was tust du?"

„Was meinst du damit?"

„Die ganze Zeit", antwortete ich, „hast du auf das Beste, das Gott dir geben will, gewartet. Du warst im Gebet, aktiv in Gottes Arbeit, und nun plötzlich unterhältst du dich mit mir über die Ex-Frau eines Mannes, die zu dir in die Wohnung kommt, und du besuchst deinen zukünftigen Freund im Gefängnis! Die Gemeinschaft warnte dich davor, deine Beziehung zu James fortzusetzen, aber du baust sie weiter auf. Ich bin bestürzt! Joann. Ich glaube wirklich, daß du vom Feind angegriffen wirst. Du mußt diese Beziehung beenden!"

Ärger machte ihre Stimme scharf, und wir wechselten nur noch ein paar Worte, bevor sie aufhängte. Ich dachte sehr darüber nach, ob ich die richtigen Worte gesagt hätte. Dann betete ich leise zum Herrn, daß er auf krummen Linien gerade schreiben solle.

Am Sonntagmorgen war Joann nicht in dem Gottesdienst. Mir sank aller Mut. Als ich sie am gleichen Abend sah, kam sie auf mich zu und flüsterte: „Ich habe es getan."

„Was hast du getan?" Ich wagte kaum, sie das zu fragen!

„Ich war heute im Gefängnis und habe die Beziehung zu James beendet." Als ich sie umarmen wollte, flüsterte sie: „Tu' es nicht. Ich fange gleich an zu weinen."

Joann hatte sich der Führung der Gemeinschaft untergeordnet. Als ich sie einige Wochen später fragte, wie es ihr gehe, antwortete sie: „Ich habe James ganz und gar dem Herrn übergeben. Ich denke kaum noch an ihn. Und wenn ich es tue, bete ich für ihn. Ich bin frei!"

Erst kürzlich ist sie einem Herrn begegnet, und ich weiß, daß sie froh ist, auf ihn gewartet zu haben. Ich frage mich, wo Joann heute wäre, wenn sie nicht einigen Schwestern, die sie lieben und das Beste für sie wollen, verantwortlich gewesen wäre. Sie wird in der Lage sein, die gleiche Verantwortlichkeit in ihre Ehe zu tragen. Viele der Herausforderungen der Unterordnung wird sie schon in unserer Gemeinschaft geprobt haben!

Unterordnung und die Gemeinde

Diese Art Wachstum findet auch in der Gemeinde statt, indem Unverheiratete lernen, positiv auf die biblische Ordnung dort zu reagieren. Die Gemeinde ist eine Gruppe von Gläubigen, die den Lehren Jesu Christi folgen. Ebenso wie es für begeisterte Football-, Baseball- und Basketballfans natürlich ist, in Scharen zu ihren Lieblingsspielen zu kommen, freuen sich Gläubige, die den Herrn lieben, sich bei einer Gemeindeveranstaltung zu versammeln. Ihr Wunsch ist, den Herrn zu loben und anzubeten, während sie einander erbauen und ermutigen.

Bevor Jesus gekreuzigt und von den Toten auferweckt wurde, betete er zu seinem Vater für seine Nachfolger: „Ich bitte aber nicht allein für sie, sondern auch für die, die durch ihr Wort an mich glauben werden, damit sie alle eins seien. Wie du, Vater, in mir bist und ich in dir, so sollen auch sie in uns sein, damit die Welt glaube, daß du mich gesandt hast" (Johannes 17, 20–21).

Wie ist es der Gemeinde möglich, eins zu werden, wenn sie aus so vielen verschiedenen Persönlichkeiten und Meinungen besteht? Betete Jesus vergeblich? Nein! Er bewies uns, daß „Einssein" durch seine Beziehung zum Vater erreicht werden kann. Er handelte gemäß Gottes feststehender Ordnung. Und wenn in der Gemeinde Einheit erreicht werden soll, geschieht dies bis auf den heutigen Tag durch Unterordnung.

Die feststehende Ordnung für die Gemeinde ist, daß wir uns zuerst Gott und dann dem Pastor unterordnen sollen: „So seid nun Gott untertan" (Jakobus 4, 7).

„Gehorcht euren Lehrern und folgt ihnen, denn sie wachen über eure Seelen – und dafür müssen sie Rechenschaft geben –, damit sie das mit Freuden tun und nicht mit Seufzen; denn das wäre nicht gut für euch" (Hebräer 13, 17).

Gemäß der Schrift müssen unsere Pastoren eines Tages Gott Rechenschaft ablegen über alles, was wir unter ihrer Führung getan haben. Gott ermutigt uns, uns unterzuordnen, damit sie den Bericht mit Freude und nicht mit Kummer im Herzen geben können.

Eine ernste Entscheidung

Da Satan die Nachfolger Jesu Christi getäuscht hat, verstehen viele von uns nicht, welch ernste Entscheidung wir treffen, wenn wir uns einer Gemeinde anschließen. Es ist nicht ungewöhnlich, daß jemand sagt, daß er seine Gemeinde aus einem der folgenden Gründe gewählt hat:

1. Sie liegt in der Nähe unserer Wohnung.
2. Der Gottesdienst dauert nur eine Stunde.
3. Ich mag den Chor.
4. Die Gemeinde hat eine gute Jugendgruppe.
5. Meine Familie geht seit 50 Jahren dorthin.

Schauen wir uns jedoch Gottes feststehende Ordnung zwischen dem Pastor und seiner Gemeinde an, erkennen wir, daß diese Erwägungen nicht ausreichen. Wenn wir uns einer bestimmten Gemeinde anschließen, sind wir dazu gerufen, uns der Führung des Pastors unterzuordnen. Wenn wir mit der Art, wie die Dinge gehandhabt, oder mit den Lehren, die verkündigt werden, nicht einverstanden sind, wenn wir murren und uns beklagen oder rebellisch und widerspenstig werden, verletzen wir Gottes Gebote. Schließlich werden wir die Konsequenzen dieser Sünde zu tragen haben.

Stellen Sie sich einen Augenblick vor, welcher Geist in einer Gemeinde herrschen würde, in der alle Mitglieder mit dem Pastor eins sind, während er eifrig Gottes Angesicht sucht! Das heißt nicht, daß der Pastor immer die richtigen Entscheidungen treffen wird. Aber nehmen wir an, er hat eine Gemeinde, die nie kritisiert und beschließt, nur für ihn zu beten?

Wenn wir in diese Gemeinde kommen, herrscht dort ein reiner und herzlicher Geist. Am Ende des Gottesdienstes hören wir nur Worte des Lobes: Lob für Gott, Lob für den Pastor, Lob für die anderen Gläubigen. Das hört sich wie ein Vorgeschmack des

Himmels an, nicht wahr? Aber es kann hier auf der Erde geschehen, wenn das Prinzip der Unterordnung in Kraft ist.

Es ist die richtige Entscheidung, sich seinem Pastor unterzuordnen. Alleinstehende Männer und Frauen können effektiv gebraucht werden, wenn sie ihre Zeit, Begabungen und finanziellen Mittel für ihre Gemeinde unter der Autorität ihres Pastors einsetzen. Sie haben die Freiheit, ihren Terminkalender so zu arrangieren, daß sie für die Arbeit des Herrn zur Verfügung stehen. Und sollten sie schließlich heiraten wollen, werden sie schon kräftig ihre Muskeln für Unterordnung geübt haben, indem sie sich dem Herrn und dem Pastor, den er über sein Volk gesetzt hat, gebeugt haben.

Das Barometer

Jeder Existenzbereich hat positive und negative Seiten, so ist es auch mit dem Leben als Alleinstehender. Das Unverheiratetsein kann täuschen. Wenn ein Alleinstehender über etwas wütend wird, kann sie (oder er) heimgehen, die Tür zuschlagen und die Wände anschreien. Nachdem der Sturm nachgelassen hat, kann derjenige beten: „Herr, vergib mir. Ich habe kindisch gehandelt. Es tut mir wirklich leid, daß ich ärgerlich wurde, denn ich weiß, daß es dir weh getan hat. Hilf mir zu siegen, falls diese Situation wiederkehrt."

Und damit hat es sich – das Problem ist beseitigt! Oder wenn wir es im Kinojargon ausdrücken: „Die Szene ist im Kasten!" In 1. Johannes 1, 9 heißt es: „Wenn wir aber unsre Sünden bekennen, so ist er treu und gerecht, daß er uns die Sünden vergibt und reinigt uns von aller Ungerechtigkeit."

Alleinstehende Menschen, die ihr Leben Gott übergeben haben, sind leicht der Meinung, daß sie alles gut unter Kontrolle haben, wenn sie heiraten. Sie haben geübt, sich dem Herrn unterzuordnen.

Da ist nur ein Problem: Ihr Ehepartner wird nicht vollkommen sein! Selbst wenn er den Herrn liebt, bezweifle ich, daß er dulden wird, daß Sie die Treppe hoch rennen, Türen zuknallen und schreien. Wenn Sie sich schließlich entschuldigen, bekommen Sie vielleicht statt Vergebung die kalte Schulter gezeigt. Die Ehe hält uns täglich einen Spiegel vor und läßt uns wenig Zeit, den Streit beizulegen. Das kann zu Ihrem Vorteil sein.

Einer der Gründe, warum ich mich freue, verheiratet zu sein, ist, daß mein Leben zu Hause ein ständiges Barometer ist, das mir anzeigt, wo ich in meiner Beziehung zu Gott stehe. Es kann nicht stürmisch zwischen Frank und mir zugehen und gleichzeitig in meinem Verhältnis zu Gott die Sonne scheinen. Der Frieden in meiner Beziehung zu Gott ist davon abhängig, daß ich meinem Mann gegenüber eine Gesinnung der Unterordnung einnehme. Deshalb lerne ich, meine Streitigkeiten schnell beizulegen – eine Fähigkeit, für deren Entwicklung ich acht Ehejahre brauchte.

Bis Verheiratete akzeptieren, dieses Barometer die ganze Zeit mit sich zu führen, kämpfen sie darum, ihre Ausgeglichenheit aufrechtzuerhalten. So sagte eine Frau über ihren frischgebackenen christlichen Ehemann: „Ich habe einfach nicht erwartet, daß er so fleischlich ist" – in anderen Worten: menschlich!

Wählen Sie Ihre Freunde sorgfältig!

Vielleicht ist die Ehe Gottes Plan für Sie, vielleicht auch nicht. Er möchte jedoch, daß Sie sich seinem Wort unterordnen, während Sie Beziehungen aufbauen, besonders solche, die das andere Geschlecht betreffen. Viele Bekanntschaften werden Ihren Weg kreuzen, aber nur einige werden sich zu Beziehungen entwickeln. „Beziehung" kann man wie folgt definieren: als der Zustand, verwandt zu sein oder zueinander in Verbindung zu stehen. Diese Art Verbindung ist nicht zufällig.

Ob die Person nun männlich oder weiblich ist, Sie sollten auf jeden Fall jede Person sorgfältig prüfen: 1. Wandelt er oder sie im Licht? 2. Wie trifft sie (oder er) Entscheidungen? „Ihr aber seid das auserwählte Geschlecht, die königliche Priesterschaft, das heilige Volk, das Volk des Eigentums, daß ihr verkündigen sollt die Wohltaten dessen, der euch berufen hat von der Finsternis zu seinem wunderbaren Licht" (1. Petrus 2, 9).

Sie werden sich wahrscheinlich immer wieder zu bestimmten Menschen hingezogen fühlen und wünschen, sie besser kennenzulernen. An ihnen ist etwas Besonderes. Sie haben das Gefühl, daß sie Ihrem Leben eine neue Dimension hinzufügen können. Und vielleicht können sie das auch wirklich, wenn sie nämlich den „Licht"-Test bestehen!

„Gott ist Licht, und in ihm ist keine Finsternis. Wenn wir sagen, daß wir Gemeinschaft mit ihm haben, und wandeln in der Finsternis, so lügen wir und tun nicht die Wahrheit. Wenn wir aber im Licht wandeln, wie er im Licht ist, so haben wir Gemeinschaft untereinander" (1. Johannes 1, 5–7).

Was die meisten von uns in neuen Beziehungen nicht tun, ist zuzuhören. Wir sind so damit beschäftigt, alle unsere Gedanken mitzuteilen, daß wir vergessen, uns auf die Reaktion zu konzentrieren. Ich hörte einmal jemanden sagen: „Wenn Sie jemanden 15 Minuten lang ohne Unterbrechung reden lassen, erzählt er Ihnen, was das Wichtigste in seinem Leben ist."

Es erstaunt mich immer wieder, daß, wenn ich eine unverheiratete Frau, die schon wochenlang mit einem Mann ausgeht, frage: „Kennt er den Herrn?", die Antwort meistens lautet: „Wir sind noch nicht dazu gekommen, darüber zu reden," oder: „Nun, er glaubt an Gott, aber ich bin nicht sicher, wie er zu Jesus steht."

Ein Mensch, der „im Licht" wandelt, spricht vom „Licht". Einige mögen einwenden: „Bunny, es gibt im Leben mehr, worüber man reden kann als über Jesus", und ich bin ganz ihrer Meinung. Ich spreche ganz einfach von Prioritäten. „Wie ist deine Beziehung zu Jesus Christus?" sollte ganz am Anfang Ihrer Liste mit Fragen, um den anderen besser kennenzulernen, stehen. Wenn Jesus die erste Rolle in unserem Leben spielt, werden wir zuerst über ihn reden wollen.

Wenn Sie den Herrn lieben, wird sein Licht durch Sie scheinen, und andere werden entweder zu Ihnen hingezogen oder von Ihnen abgestoßen werden. Dunkelheit haßt das Licht. Wenn Ihre neuen Freunde zur Finsternis gehören, besteht die einzige Art, wie Sie die Beziehung fortsetzen können, darin, daß Sie Ihr Licht herunterdrehen oder ausschalten, und dies kann keine weise Handlung sein.

Ich finde, 2. Korinther 6, 14 drückt es am besten aus: „Zieht nicht am fremden Joch mit den Ungläubigen. Denn was hat die Gerechtigkeit zu schaffen mit der Ungerechtigkeit? Was hat das Licht für Gemeinschaft mit der Finsternis?"

Lassen Sie sich nicht täuschen! Ungläubige mögen klar denken und sich gut ausdrücken können, aber ihre Meinungen gehen von der Finsternis aus. Je mehr Zeit Sie in Nähe und Vertrautheit mit ihnen verbringen, um so mehr Schatten werden sie auf Ihr Leben werfen.

Befreunden Sie sich auf Gottes Art

Und da wir beim Thema der Vermischung von Finsternis und Licht sind, wollen wir eine der schwierigsten Unterweisungen untersuchen, die Gott alleinstehenden Männern und Frauen gegeben hat: „Denn das ist der Wille Gottes, eure Heiligung, daß ihr meidet die Unzucht" (1.Thessalonicher 4, 3).

Alleinstehende Frauen haben mir zahllose Geschichten darüber erzählt, daß sie sich mit christlichen Männern befreundet haben, die sich weigern, sich Gottes Wort in diesem heiklen Bereich unterzuordnen. Sie widerlegen die Schrift so: „Ach, komm'. Gott weiß, daß wir nur Menschen sind. Er versteht uns, weil er derjenige ist, der uns dieses Begehren gegeben hat." Natürlich ist es in einigen Fällen auch die Frau, die eine derartige Aussage macht. In jedem Fall kann die Weigerung, sich Gott im Bereich der Sexualität unterzuordnen, ernsthafte Folgen in der Ehe haben.

Hier wird nämlich ein Geist der Rebellion gepflegt. Und wenn sie sich einmal das Jawort gegeben haben, wird dieser Geist zurückkehren und die Rebellen verfolgen. Wir wollen nicht eher „Ja" sagen, bis wir mit einer anderen Schriftstelle konfrontiert worden sind, der wir uns auch unterordnen sollen: „Die Frau verfügt nicht über ihren Leib, sondern der Mann. Ebenso verfügt der Mann nicht über seinen Leib, sondern die Frau. Entziehe sich nicht eins dem andern, es sei denn eine Zeitlang, wenn beide es wollen, damit ihr zum Beten Ruhe habt; und dann kommt wieder zusammen, damit euch der Satan nicht versucht, weil ihr euch nicht enthalten könnt" (1. Korinther 7, 4–5).

Der gleiche rebellische Geist, der Sex vor der Hochzeit fordert, wird Sex nach der Hochzeit verweigern! Sexuell aktive unverheiratete Paare schaffen und pflegen, ohne es zu wissen, eine Haltung des Trotzes gegenüber Gott. Diese Eigenwilligkeit wird in den folgenden Jahren weitreichende Konsequenzen haben.

Dies bringt mich auf eine interessante Frage. Was ist schwieriger: unverheiratet zu sein und sexuell enthaltsam zu leben oder verheiratet zu sein und seinen Körper hingeben zu müssen, wenn Sie keine Lust dazu haben? (Eine unverheiratete Frau fragte mich naiv: „Gibt es das?") Wenn Sie ernsthaft darüber nachdenken, werden Sie sicher sagen, daß das letztere schwieriger ist. Und so scheint es, daß das erste Gebot Gottes uns darauf vorbereitet, dem zweiten Gebot zu gehorchen!

Aber vielleicht ist der beunruhigendste Aspekt dieser ganzen Diskussion der folgende: Wenn ein Mann vor der Ehe Gottes Gesetze brechen will, wie können Sie sich dann nach der Hochzeit seiner Führung anvertrauen? Wenn eine Frau sich vor der Ehe weigert, sich Gottes Anweisungen unterzuordnen, wie können Sie erwarten, daß sie sich Ihren Entscheidungen beugen wird, sobald Sie verheiratet sind?

Wenn es zu Entscheidungen kommt...

Das bringt uns zu einem anderen wichtigen Punkt. Wie trifft Ihr Freund gegenwärtig persönliche Entscheidungen: indem er Gottes Gedanken herauszufinden sucht oder indem er auf seine eigene Klugheit und Selbständigkeit vertraut?

Sie werden oft Menschen treffen, die alle Antworten zu haben scheinen. Wenn sie zufällig erfolgreich sind, bewundern Sie sie vielleicht aufrichtig und begehren ihre Gesellschaft. Schließlich scheinen „Gewinner" so viel zu bieten zu haben. Aber sind sie Sieger in geistlicher Hinsicht? Das ist eine ganz andere Sache. Gottes Wort fordert uns heraus: „Verlaß dich auf den Herrn von ganzem Herzen, und verlaß dich nicht auf deinen Verstand, sondern gedenke an ihn in allen deinen Wegen, so wird er dich recht führen" (Sprüche 3, 5–6).

Ein Mensch, der im Licht wandelt, weiß, daß er begrenzt ist und daß er mit einem unbegrenzten Gott umgeht. „Denn meine Gedanken sind nicht eure Gedanken, und eure Wege sind nicht meine Wege, spricht der Herr" (Jesaja 55, 8).

Immer, wenn wir mit anderen in Beziehung treten, werden wir durch die Art, wie sie denken, die Dinge sehen und Entscheidungen treffen, beeinflußt. Unsere geistliche Gesundheit hängt von unserer Gemeinschaft mit Personen mit gleicher Gesinnung ab, die den Herrn lieben und den Wunsch haben, seinen Willen zu tun.

Manchmal wünsche ich mir, ich könnte eine Straßensperre – von bewaffneten Männern bewacht – aufstellen, die jede unverheiratete Frau, die auf der Suche nach einem Mann ist, passieren müßte. Sie führe bis zu einem Halt, dann würde ihre Beziehung zum anderen Geschlecht überprüft und ein helles Licht in ihre Augen gestrahlt werden.

Der Vernehmungsbeamte würde fragen: „Haben Sie die Tatsache bedacht, daß Sie sich dem Urteil dieses Mannes für den Rest Ihres Lebens unterordnen müssen, wenn Sie ihn heiraten? Ist Ihnen klar, daß Sie seiner Führung, bis der Tod Sie scheidet, folgen müssen?"

Die meisten Frauen sind sich des Ernstes ihrer Entscheidung für die Ehe nicht bewußt. Sie sind von Romantik und Nervenkitzel gefangen und bemerken dabei häufig nicht, daß sie willentlich und auf immer die Zügel ihres Lebens aus der Hand geben. Mit der Ausnahme, daß ein Ehemann seine Frau auffordert, etwas Unmoralisches zu tun, fordert Gottes Wort von ihr, seiner Führung zu folgen. Und wenn der Mann seine Weisung nicht vom Herrn erhält, wird die Frau den Rest ihres Lebens damit verbringen, in die Richtung zu gehen, die sein irdischer, ungeistlicher Verstand vorschreibt.

Ein Tip: Jemand, der Gottes Führung folgt, wird seine Gedanken mitteilen und wird Sie wissen lassen, daß er über seinen Entscheidungen betet. Freuen Sie sich, wenn er Sie bittet, mit ihm zu beten! Wenn ja, wissen Sie, daß sich eine gute geistliche Beziehung entwickelt.

Ergreifen Sie weise Vorsichtsmaßnahmen

Nachdem beginnende Beziehungen vorsichtig und im Gebet angegangen wurden, ermutige ich alle Ledigen, bevor sie heiraten, an einem Eheseminar teilzunehmen. Da der Ehemann das Haupt der Frau ist, wird das Paar dies nach ihrer Heirat nicht tun, falls er danach entscheidet, daß sie keinen Rat brauchen. Dann haben sie ganz allein mit vielen Herausforderungen zu kämpfen, die sie schon in den Griff hätten bekommen können, bevor sie sich ihr Jawort gaben.

Vier „Kriegsgebiete", die am häufigsten Kämpfe in der Ehe auslösen, sind Sexualität, Kommunikation, Finanzen und Schwiegereltern. Jeder dieser Bereiche sollte gründlich diskutiert und mit Vernunft besprochen werden, bevor ein Paar zum Traualtar schreitet. Das einzige Hindernis, das sich einer derartigen Vorbereitung in den Weg stellt, ist, daß „junge Liebende" oft durch ihre Gefühle blind sind. „Liebe besiegt alles," sagen sie sich. Häufig sprechen sie gerade die Themen nicht in realistischer Weise an, die schließlich dieser großen Liebe unermeßlichen Schaden zufügen können.

Erinnern Sie sich an das alte Sprichwort: „Vorbeugen ist besser als heilen." Schauen Sie sich die Ehe realistisch an – und zwar heute!

Alleinerziehende Eltern

Während ich Nachforschungen über Unterordnung und Ledige anstellte, sprach ich mit Dutzenden von unverheirateten Freunden und mit Seelsorgern. Ich legte auch Wert darauf, einige meiner Freunde anzurufen, die alleinerziehende Eltern sind. Ich fragte sie nach ihren Freuden und Frustrationen.

Ich erkannte schnell, daß unverheiratet zu sein und ein alleinerziehender Elternteil zu sein, zwei verschiedene Dinge sind. Wir neigen dazu, alle Unverheirateten in eine Schublade zu stecken. Die Schublade schließt nicht, aber wir versuchen es mit Gewalt. Nicht eine der Belastungen, die alleinerziehende Eltern mit mir diskutierten, ähnelte denen von unverheirateten Männern und Frauen.

Alleinerziehende Eltern haben weder die Unterstützung der vollständigen Familieneinheit noch die Freiheit einer unverheirateten Person. Um eine Frau zu Wort kommen zu lassen: „Ich bin etwas verloren. Ich gehöre nicht zu den verheirateten Paaren, weil ich keinen Mann habe, und es ist schwierig, eine Beziehung zu Unverheirateten zu finden, weil der Schwerpunkt unseres Interesses verschieden ist. Jede Entscheidung, die ich treffe, dreht sich um die Kinder. Man übt sanften Druck auf mich aus, wieder zu heiraten, und alles, was ich tue, wird von anderen mit diesem Gedanken im Hinterkopf beurteilt. Es behindert tatsächlich meine Wirksamkeit im Dienst für andere."

Wie wenden alleinerziehende Eltern Unterordnung auf ihr Leben an? Ebenso wie eine unverheiratete Person, aber mit einem bedeutsamen Unterschied: Die Kinder sind durch Führung und Beispiel zu lehren. Um Kinder darauf vorzubereiten, sich einer Autorität unterzuordnen, müssen alleinerziehende Eltern nicht nur zu Hause für Unterordnung sorgen (das ist nicht immer einfach, wenn nur ein Elternteil da ist), sondern sie auch in ihrem eigenen Leben praktizieren. Sie sollten ihre Kinder lehren, was sie tun und warum sie es tun. Es gibt Bücher, die dieses Thema des alleinerziehenden Elternteil gut behandeln.

Wie schon erwähnt, ist Unterordnung ein Prinzip, das jeden Bereich unseres Lebens betrifft. Wenn Sie eine Entscheidung treffen, die Ihrem Willen widerstrebt, aber Ihre Unterordnung unter Gottes Wort zeigt, dann lassen Sie dies, im geeigneten Fall, Ihre Kinder wissen. Seien Sie ehrlich und offen zu ihnen, und zeigen Sie ihnen, daß Unterordnung für Sie schwierig sein kann. Sie werden durch Beobachtung lernen und in der Lage sein, die Haltung der Unterordnung in ihr Leben zu übertragen.

Ihr seid das Salz

Unterordnung ist für eine unverheiratete Person wesentlich. Es ist die Achse, um die sich all unsere Beziehungen drehen. Sie ist so belebend wie ein Aerobic-Kurs und so erfrischend wie die darauffolgende Dusche. Aber mehr als das: Wenn Sie in Ihrem Leben Unterordnung praktizieren, sind Sie damit ein Musterbeispiel für alle, die Sie kennen, die Ihren Glauben an Jesus Christus bemerken und Ihr Verhalten beobachten.

„Ihr seid das Salz der Erde. Wenn nun das Salz nicht mehr salzt, womit soll man salzen? Es ist zu nichts mehr nütze, als daß man es wegschüttet und läßt es von den Leuten zertreten. Ihr seid das Licht der Welt. Es kann die Stadt, die auf einem Berge liegt, nicht verborgen sein. So laßt euer Licht leuchten vor den Leuten, damit sie eure guten Werke sehen und euren Vater im Himmel preisen" (Matthäus 5, 13–14 + 16).

Diese Welt braucht mehr Unverheiratete, die sich unterordnen – und den Glauben haben, es unter Beweis zu stellen!

9

Einige Fragen von Unverheirateten

Ich bin mit jemandem befreundet, für den ich tiefe Gefühle hege. Er sagt, da wir ja eines Tages heiraten wollen, wird Gott uns vergeben, wenn wir miteinander Geschlechtsverkehr haben. Wie kann ich mich Gottes Geboten unterordnen, wenn ich mich ihm nicht widersetzen will?

Stellen Sie sich selbst die Frage: „Möchte ich die Gnade Gottes oder das Beste, das Gott für mich hat?" Ihr Verlobter hat recht –, Gott wird Ihnen vergeben. Sie werden jedoch ernten, was Sie in Ihrem Ungehorsam gesät haben.

Wenn er Sie weiterhin drängt, kann es sein, daß Sie sich diesen Menschen, den Sie heiraten wollen, näher ansehen sollten. Wenn Sie beide Christen sind, sollte er sensibler auf Gottes Gebote sein und auf seine Führung eingehen. Obwohl Sie tiefe Gefühle für ihn empfinden, ist er vielleicht trotzdem nicht die Person, der Sie die Führung Ihres Zuhauses anvertrauen sollten.

Bevor ich Christ wurde, sagte ich einfach „Nein", wenn mich jemand bat, mit ihm auszugehen, und ich keine Lust hatte. Jetzt habe ich ein schlechtes Gewissen. Mir ist klar, daß die Person, die Gott für mich hat, vielleicht nicht „mein Typ" zu sein scheint, zumindest nicht auf den ersten Blick. Trotzdem kann ich einfach nicht mit jedem ausgehen, der mich darum bittet. Was soll ich tun oder sagen? Helfen Sie mir!

Ein Mann sagte mir einmal: „Ich habe Angst, Gott meinen Ehepartner aussuchen zu lassen, weil ich mit seinem Geschmack wahrscheinlich nicht einverstanden bin." Beginnen wir damit, einige wichtige Fragen zu stellen.

Zunächst, warum gehen Sie mit jungen Männern aus? Einige Ledige suchen ernsthaft nach einem Ehepartner. Andere wollen einfach nur Gemeinschaft mit dem anderen Geschlecht haben. Wenn Sie wirklich am Heiraten interessiert sind, werden Sie ganz bestimmte Anforderungen stellen.

Sie werden soviel wie möglich über Ihren zukünftigen Partner herausfinden wollen, bevor Sie viel Zeit mit ihm verbringen. Sicher haben Gottesfürchtigkeit und christliches Engagement oberste Priorität und sind ein absolutes Muß für Sie. Ist er darüber hinaus a) ehrlich, b) moralisch einwandfrei, c) vertrauenswürdig und d) paßt er zu Ihnen? Wenn Sie wirklich keine flüchtigen Freunde haben wollen, möchten Sie ihm vielleicht sogar erklären, daß Sie an flüchtigen Beziehungen absolut kein Interesse haben.

Eine Möglichkeit, diese Perspektive im Auge zu behalten, ist, in einer Gruppe auszugehen, so daß Sie andere beobachten können, ohne unter Druck zu stehen. Gemeinschaft in der Gruppe bietet eine sichere Umgebung, die den Aufbau bedeutungsvoller Beziehungen erleichtern kann. Sie haben die Möglichkeit, ohne Streß oder Spannung zu entscheiden, ob die eine oder andere Person Ihr ernsthaftes Interesse verdient.

Wenn Sie nur nach flüchtiger Gemeinschaft mit dem anderen Geschlecht suchen, sollten Sie vielleicht Ihre Motive überprüfen. Viele unverheirateten Christen gehen mit Personen des anderen Geschlechts aus, weil sie unsicher, einsam sind und Aufmerksamkeit und nette Worte von anderen brauchen, die sie attraktiv und interessant finden. Emotionale Bedürftigkeit macht verwundbar und ist kein guter Ausgangspunkt. Natürlich kann es Spaß machen, Aufmerksamkeit und „Streicheleinheiten" zu bekommen. Aber bedenken Sie, diese persönliche Erfüllung sollte in erster Linie von einer befriedigenden Beziehung zum Herrn kommen. Jede andere Bestätigung ist die Meinung von Menschen, die sie möglicherweise mit Hintergedanken geäußert haben.

Ich persönlich schlage vor, daß, wenn Paare gelegentlich miteinander ausgehen, jeder seinen Teil bezahlt. So bleiben Verpflichtungen aus dem Spiel, und niemand erwartet irgend etwas „als Gegenleistung" für ein gutes Essen, eine Konzertkarte oder eine Theaterkarte.

Meine Eltern wollen mein Leben bestimmen. Ich denke, wenn ich verheiratet wäre, wäre es für mich einfacher, mein Recht, eigene Entscheidungen zu treffen, zu behaupten. Ich weiß, daß wir dazu berufen sind, unsere Eltern zu lieben und zu ehren, aber ich weiß nicht, wo ich die Grenze ziehen soll.

Sie können dadurch helfen, die Grenze zu ziehen, daß Sie zuerst festlegen, was Sie aus Ihrem Leben machen wollen. Was sind Ihre Ziele? Wie sehen Ihre Pläne aus? Nachdem Sie diese Fragen durchdacht haben, schreiben Sie Ihre Antworten auf und halten Sie ein Familientreffen ab. Lassen Sie Ihre Eltern wissen, wie sehr Sie sie lieben. Erklären Sie Ihnen, daß Sie wollen, daß sie die Entscheidungen kennen, die Sie für Ihr Leben getroffen haben.

Geben Sie Ihrer Mutter und Ihrem Vater die Gelegenheit, sich zu Ihren Zielen zu äußern. Hören Sie Ihnen zu und erwägen Sie das Gehörte aufmerksam. Sagen Sie ihnen, daß Sie über alles beten werden, was sie sagen, und wenn Sie sicher sind über den Kurs, den Sie einschlagen wollen, teilen Sie ihnen Ihre Entscheidung mit. Bleiben Sie standhaft und seien Sie bereit, für das, was Sie entschieden haben, sowohl Anerkennung als auch Tadel zu empfangen.

Wenn man Eltern einen soliden Plan für die Zukunft vorlegt, hilft es ihnen zu verstehen, daß ihr Kind erwachsen geworden ist.

In meiner Gemeinde werden Unverheiratete wie Bürger zweiter Klasse behandelt. Ich schätze meinen Pastor sehr und bin in meiner Gemeinde engagiert, aber ich weiß nicht, wie ich unsere Leiter zur Erkenntnis führen kann, daß wir auch unsere speziellen Programme brauchen. Wie soll ich vorgehen?

Der erste Schritt sollte wohl bei allem das Gebet und ein geheiligtes Herz und eine geheiligte Gesinnung sein. Leider sind Menschen Geschöpfe der Gewohnheit. Wir halten in der Regel an der Tradition fest und fühlen uns überaus wohl, wenn der Status quo erhalten bleibt. Vielleicht hat Ihr Pastor nie an einem Dienst für Unverheiratete teilgenommen und weiß nicht so genau, wie er ihn aufbauen soll.

Wenn ich Franks Hilfe für einen meiner Pläne brauche, bete ich ihn zuerst durch, halte meine Gedanken schriftlich fest und lasse sie ihn überprüfen. So muß er nur Änderungen vornehmen, statt ein ganz neues Programm zu entwerfen.

Nachdem Sie gebetet haben, stellen Sie Ihrem Pastor einen durchführbaren und lebensfähigen Plan für die Alleinstehenden in Ihrer Gemeinde vor. Selbst wenn er einen neuen Plan entwirft, haben Sie wenigstens begonnen, sich in die richtige Richtung zu bewegen. Wenn Ihr Pastor nur ein wenig dem meinen ähnelt, kann es eine Weile dauern, bevor er eine Entscheidung trifft. Dennoch können Sie beruhigt sein, in dem Wissen, daß er darüber nachdenkt.

Meine Freundin kennt den Herrn nicht; ich glaube jedoch, daß Gott sie retten wird. Einige meiner christlichen Freunde sagen, daß ich mit dem Feuer spiele, aber das kann ich einfach nicht so sehen. Was raten Sie?

Wenn Sie sie eine flüchtige Bekannte genannt hätten, wäre ich vielleicht mit Ihnen einer Meinung gewesen. Aber die bloße Tatsache, daß Sie den Ausdruck „Freundin" benutzen, bedeutet, daß Sie schon emotional an sie gebunden sind. Eines der bedeutendsten Werkzeuge, die Satan in unserem Leben benutzt, sind unsere Gefühle. Viele Christen gründen ihr Leben auf ihre Gefühle, statt auf das, was Gottes Wort sagt.

Deshalb möchte ich Sie etwas fragen: „Was sagt Gottes Wort über die Beziehung, in der Sie sich befinden?" Die erste Schriftstelle, die mir in den Sinn kommt, ist Amos 3, 3: „Können etwa zwei miteinander wandern, sie seien denn einig untereinander?"

Wenn wir an Jesus Christus glauben, sollte unser erstes Lebensziel sein: „Du sollst den Herrn, deinen Gott, lieben von ganzem Herzen, von ganzer Seele, von ganzem Gemüt" (Markus 12, 30).

Dies sollte ihm in allen Gedanken und Gesprächen und Beziehungen den ersten Platz einräumen!

Kürzlich heiratete eine meiner Freundinnen einen Mann, der nicht gläubig ist. Ihre Aussage mir gegenüber war: „Ich weiß, daß Gott ihn retten wird." Das mag sein, aber die große Frage ist, wann? Nicht nur das, nachdem er gerettet ist, hat sie es mit einem „Baby" in Christus zu tun – einem Mann, der gerade beginnt zu verstehen, was Christus von seinem Leben erwartet.

Als sie mich fragte, ob ich der Meinung sei, sie habe einen Fehler gemacht, antwortete ich „Ja". Ich erklärte ihr weiter, daß er schon der richtige Mann für sie hätte sein können. Der Fehler bestand vielleicht nicht darin, daß er der falsche Mann war. Er lag vielleicht nur im falschen Zeitpunkt.

Irgendwie scheinen wir zu denken, wenn wir den geliebten Menschen nahe bei uns halten, wird er (oder sie) beeinflußt werden, eine Entscheidung zu treffen. Das ist Manipulation. Wenn wir einmal verheiratet sind, gibt Gott Anweisungen, wie wir gegenüber einem ungläubigen Ehepartner für ihn Zeugnis ablegen sollen. Wenn wir jedoch die Schrift verachten, um unsere willkürlichen Bedürfnisse und Wünsche zufriedenzustellen, dann sollten wir bereit sein, die Konsequenzen zu tragen, was allerdings sehr schmerzlich sein kann.

In 2. Korinther 6, 14 heißt es: „Zieht nicht am fremden Joch mit den Ungläubigen." Gott würde gegen sein eigenes Wort handeln müssen, um eine Ehe zwischen einer ungläubigen Person und einem seiner Kinder segnen zu können. Als Ihre Freunde sagten, Sie würden mit dem Feuer spielen, hatten sie vollkommen recht.

Jesus sagt einmal, daß wir, bevor wir wiedergeboren werden, „den Teufel zum Vater haben". Wenn Sie sich entscheiden, dieses Mädchen zu heiraten, seien Sie nicht überrascht, Ihrem „Schwiegervater" zu begegnen!

Ich hasse meine Arbeit. Mein Chef hat einen schwachen Charakter. Er fordert mich ständig dazu auf, Dinge zu tun, die Gott meiner Meinung nach nicht gefallen. Muß ich mich unterordnen, wenn ich aufgefordert werde, etwas zu tun, was meiner Meinung nach falsch ist?

Auf diese Frage antworte ich mit einem entschiedenen „Nein!" Eine Frau legte einmal ein Zeugnis bezüglich einer ähnlichen Situation ab.

Susan arbeitete als Rezeptionistin/Sekretärin für eine Firma für ländliche Entwicklung. Ihr Chef war unausstehlich. Wenn Leute anriefen, pflegte er sie von seinem Büro aus anzuschreien: „Sagen Sie ihnen, daß ich außer Haus bin!" Sie tat dies einige Male, dann teilte sie ihm freundlich mit, daß sie es nicht mit ihrem

Glauben vereinbaren könne, in bezug auf seinen Verbleib zu lügen, und daß sie sich außerstande sehe, es weiter zu tun.

Er wurde wütend. Da klingelte gerade das Telefon. Als sie ihm sagte, wer am Apparat war, rief er: „Sagen Sie ihnen, daß ich außer Haus bin!" Sie nahm den Hörer ab und sagte: „Einen Augenblick bitte, er ist gerade hier."

Sobald er den Hörer auf die Gabel geknallt hatte, stürmte er zu ihrem Schreibtisch. Das Telefon klingelte erneut. Als sie ihn über den Anrufer informierte, sprach er durch zusammengebissene Zähne und zischte: „Sagen Sie ihr, ich bin außer Haus."

Sie schaute ihm direkt in die Augen und sagte: „Wenn Sie wollen, daß ich sage, daß Sie außer Haus sind, dann müssen Sie das Büro verlassen!"

Er starrte sie einen Augenblick an. Als er erkannte, daß sie es ernst meinte, stapfte er aus dem Büro und stand draußen vor den schwingenden Glastüren.

Sie stand hinter ihrem Schreibtisch auf, öffnete die Tür und verkündete: „Nein! Wenn Sie wollen, daß ich sage, daß Sie außer Haus sind, müssen Sie in Ihr Auto steigen und wegfahren."

Raten Sie, was er tat! Er stieg in sein Auto und fuhr weg. Sobald er wiederkam, tat er zwei Dinge: Zuerst tobte er vor Wut. Dann, nicht viel später, wurde er gerettet!

Wenn wir Gott um eine Arbeitsstelle bitten, ist es nicht ungewöhnlich, daß er einen Platz für uns auswählt, an dem die Gegenwart eines christlichen Streiters notwendig ist. Wir neigen dazu zu denken, daß Gott uns nie eine unbequeme Stelle geben würde. Doch das entspricht nicht den Tatsachen. Gott hat es nicht nötig, uns eine Arbeitsstelle zu geben, um für uns zu sorgen, er ist in der Lage, Manna vom Himmel regnen zu lassen. Der Herr will, daß wir „die Stellung halten, bis er kommt," den Pforten der Hölle widerstehen und weiterhin Festungen zerstören.

Meine Chefin geht mir auf den Wecker! Unsere Charaktere sind unvereinbar. Ich mag mich ihr nicht unterordnen, ich bin jedoch zu sehr auf meine Arbeitsstelle angewiesen, um gehen zu können. Was soll ich tun?

Ich weiß sehr gut, daß Chefs schwierig sein können. Aber Gott hat Sie nicht an diesen Platz gestellt, damit Sie jeden Tag eine großartige Zeit haben. Sie sind an Ihrer Arbeitsstelle vor allem eine Missionarin. Das heißt, Sie arbeiten mit Ungläubigen zusammen, die Christus liebt, und sind ein Vorbild für ein gottesfürchtiges Leben für sie.

Hier ein Auszug aus einem Brief, den ich von einer Frau erhielt, die Buße tun mußte, weil sie sich ihrer Chefin nicht untergeordnet hatte. Achten Sie darauf, was Gott tat, um für sein Kind zu sorgen.

„Am Montag sah ich meine Chefin. Sie sagte mir, daß sie nun weg müsse, mich aber morgen sprechen wollte. Ich sagte: ‚Ilene, bevor Sie gehen, muß ich mich bei Ihnen entschuldigen. Ich habe mich Ihnen nicht untergeordnet. Es tut mir aufrichtig leid.' Sie schaute verwirrt, da wir so viele Probleme miteinander gehabt hatten. Mrs. Wilson, Sie zeigten auf, daß man sich unterordnen soll, egal ob der Chef recht oder unrecht hat. Deshalb entschuldigte ich mich. Am folgenden Montagmorgen, gerade eine Woche später, beförderte mich Ilene. Sie gab mir eine höhere Position, in der ich mehr verdiente! Nicht lange danach öffnete Gott Türen für uns, ein neues Zuhause zu kaufen, und sorgte auch für die finanziellen Mittel. Gott gebührt alles Lob dafür."

Sehen Sie, was Gott tun kann? Während Sie ihn bitten, Ihnen die Gnade zu schenken, sich unterzuordnen, bitten Sie ihn, Ihnen die Weisheit zu geben, um zu erkennen, wie er Sie gebrauchen kann, um Ihr ganzes Büro auf den Kopf zu stellen. Alles, was er braucht, ist jemanden, der dazu bereit ist. Er wird sich um den Rest kümmern.

Ich wäre die Erste, die zugeben würde, keine schöne Frau zu sein. Und um das Maß voll zu machen, bin ich noch dazu schüchtern. Ich würde liebend gern heiraten und Kinder großziehen, aber die Möglichkeit, daß mich jemand bittet, mit ihm auszugehen, ist gleich Null. Können Sie mir helfen?

Sicher haben Sie all die Sprichwörter gehört wie: „Schön ist, was einem gefällt" und: „Ein schönes Gesicht hat schon manchen getäuscht." Wir leben in einer Welt, die von „Schönheiten" wimmelt. Ich kenne eine Frau, Gwen, die mein Leben tief beeindruckt hat. Sie gehört zu meiner Gemeinde und ist Mutter von fünf Kindern.

Gwen, eine liebenswürdige Frau, wurde als kleines Kind schwer verbrannt. Der Schaden in ihrem Gesicht war irreparabel, und trotzdem ist sie eine der angenehmsten Personen, die ich je getroffen habe. Eines Tages hatte ich die Gelegenheit, mit ihr in unserer Gemeinde zusammenzuarbeiten. Es drängte mich, sie zu fragen, auf welche Weise sie die Verbrennungen erlitt. Nachdem sie mir die Geschichte erzählt hatte, wollte ich wissen, wie dies ihr Leben beeinflußt hatte.

Sie sagte, daß es ihr Leben positiv beeinflußt habe. Es gab ihr die Gelegenheit, die Welt so zu sehen, wie sie wirklich ist. Es erstaune sie, daß die Menschen nur auf die äußere Schönheit achten. Sie sagte: „Ich habe wunderschöne Leute sprechen hören und obwohl jeder aufmerksam zuhörte, sagten Sie in Wirklichkeit gar nichts! Es dauert doppelt so lang, bis Menschen mir zuhören, aber wenn ich geendet habe, wissen sie, daß sie wirklich etwas gehört haben."

Vor einigen Jahren hatte sie die Möglichkeit, ihr Gesicht durch die moderne Chirurgie wiederherstellen zu lassen. Kurz vor ihrer Operation, fragte sie den Herrn, was er darüber denke. Er sagte ihr, daß er sie liebe und sie gerade so gebrauchen wolle, wie sie sei. Sie machte die Operation rückgängig. Heute möchte Gwen anderen Menschen weitergeben, was Gott sie über ein gesundes Selbstbild lehrte.

Es heißt, daß das Bild, das man von sich selbst hat, nicht damit identisch ist, wie andere Leute uns sehen, sondern mit unserer Vorstellung davon, wie sie uns sehen. Im Hohelied Salomos meint Sulamith, daß sie nicht attraktiv sei, denn das hatte sie immer von ihren Brüdern gehört. Der König mußte sie davon überzeugen, daß sie in seinen Augen die Schönste im Lande sei. Natürlich mußte er ihr das immer wieder sagen. Als sie es endlich akzeptierte, wurde ihr Antlitz in einer Weise verwandelt, daß selbst ihre Brüder sie nicht wiedererkannten.

Ich schlage Ihnen vor, sich in Bereichen zu engagieren, in denen Sie in direkten und ständigen Kontakt mit anderen kommen. Die besonderen Qualitäten, die Gott Ihnen gegeben hat, werden durchscheinen, und der Ehepartner, den Gott für Sie bereitet hat, wird Sie genau so lieben, wie Sie sind. Und vielleicht das Wichtigste: bitten Sie Gott, Ihnen die Wünsche Ihres Herzens zu geben (Psalm 37), und er hat sich dazu verpflichtet, für jedes Ihrer Bedürfnisse zu sorgen. Ich persönlich glaube, daß dies auch emotionale Bedürfnisse mit einschließt.

Ich bin ledig, Christ und bin sehr aktiv in meiner Gemeinde. Da ich nicht verheiratet und keinem Ehepartner verantwortlich bin, fühle ich mich in vielen Gebieten überfordert. Um die Wahrheit zu sagen, ich habe Schwierigkeiten zu entscheiden, welche Aufgaben und Aktivitäten diejenigen sind, die ich nach Gottes Willen tun soll. Wie kann ich das wissen?

Das ist eine echte Herausforderung im Leben eines ledigen Christen; aber eigentlich sollten sich das alle Christen überlegen.

Eines Tages plante ich, eine wichtige Abendversammlung etwa eine Stunde von unserem Zuhause entfernt zu leiten. Ich rief verschiedene Bekannte an und bat sie, mich dort zu treffen. Als alles geregelt war, fiel mir ein, daß ich meine Pläne Frank nicht mitgeteilt hatte. Als ich ihn im Büro anrief, teilte er mir rasch mit, daß er der Meinung sei, meine Entscheidung sei unklug, und daß er möchte, daß jemand anderes an meiner Stelle gehe.

Ich rebellierte sofort! Ich versuchte, ihn zu überzeugen, daß ich unbedingt gehen müsse. Er blieb auf seinem Standpunkt, und ich ordnete mich unter. Als ich zu telefonieren begann, kam mir ein Ehepaar in den Sinn, das für die Leitung des Abends bestens geeignet schien. Als ich sie anrief, stellte sich heraus, daß sie zufällig an diesem Abend gerade in dieser Stadt wären. Sie übernahmen die Leitung des Abends und waren viel effektiver, als ich es gewesen wäre.

Diese Situation tat sehr weh. Ich mußte meinen Stolz hinunterschlucken, um mich Franks Entscheidung zu beugen. Aber er hatte recht. Das Ganze war wirklich zuviel für mich. Und wenn ich unverheiratet gewesen wäre, hätte ich mich überfordert, obwohl ich „das Richtige" getan hätte.

Wie wir zuvor erörtert haben, ist es gut, wenn ein Unverheirateter einigen christlichen Brüdern oder Schwestern verantwortlich ist. Es ist wichtig, daß diese Freunde nicht immer einer Meinung mit Ihnen sind, sondern Ihre Entscheidungen in Frage stellen werden, wenn es so aussieht, als ob Sie vom rechten Kurs abweichen. Auch wenn sie nicht immer recht haben, werden Sie diese Beziehungen dazu veranlassen, innezuhalten und über Dinge nachzudenken, die Sie vielleicht nicht in Erwägung gezogen haben.

Wenn Sie anderen verantwortlich sind, wird dies auch dazu helfen, daß Sie, wenn Sie gebeten werden, etwas zu tun, später reagieren. Wenn Sie sagen: „Ich werde darüber beten und danach auf Sie zurückkommen", gibt Ihnen das den Freiraum, Ihre Freunde anzurufen und ihren Rat einzuholen, auch in Angelegenheiten, die unbedeutend erscheinen. Sind sie nicht damit einverstanden, beten Sie und achten Sie darauf, daß Gott damit einverstanden ist.

10

Im Willen Gottes ruhen

An diesem Punkt, so hoffe ich, verstehen wir alle das Prinzip der Unterordnung besser. Und ich hoffe, Sie haben Gottes Ruf, sich unterzuordnen, akzeptiert. Nun lassen Sie mich Ihnen erklären, wie Sie beginnen können. Sind Sie bereit?

In vier Worten: *Sie können es nicht!*

Das Tauziehen

Unserem menschlichen Willen widerstrebt der Gedanke, etwas nicht unter Kontrolle zu haben. Er kämpft gegen Gottes Willen für unser Leben. Das Fleisch sucht ständig nach einer Zuflucht vor dem hellen Schein der Unterordnung. Der Kampf zwischen unserem Fleisch und dem Geist wird nie aufhören. „Denn das Fleisch begehrt auf gegen den Geist und der Geist gegen das Fleisch, die sind gegeneinander, so daß ihr nicht tut, was ihr wollt" (Galater 5, 17).

Da haben wir sie – die totale Anarchie. Mein Pastor sagt, daß der Geist und das Fleisch zwei gegeneinander kämpfende Feinde sind. Sie werden den ermutigen, der gewinnen soll. Wir müssen den inwendigen Menschen nähren, um den Strategien des Feindes standhalten zu können. In Epheser 3, 16–19 heißt es: „Daß er euch Kraft gebe nach dem Reichtum seiner Herrlichkeit, stark zu werden durch seinen Geist an dem inwendigen Menschen, daß Christus durch den Glauben in euren Herzen wohne und ihr in der Liebe eingewurzelt und gegründet seid. So könnt ihr mit allen Heiligen begreifen, welches die Breite und die Länge und die Höhe und die Tiefe ist, auch die Liebe Christi erkennen, die alle Erkenntnis übertrifft, damit ihr erfüllt werdet mit der ganzen Gottesfülle."

Es gelingt mir nur, mich unterzuordnen, wenn ich im Geist lebe. „Ich sage aber: Lebt im Geist, so werdet ihr die Begierden des Fleisches nicht vollbringen" (Galater 5, 16).

Sicher in ihm

Im Geist leben heißt, mein ganzes Vertrauen auf Jesus Christus zu setzen, meine Sünden, sobald sie auftreten, zu bekennen und in dem Glauben weiterzugehen, daß sie vergeben sind. Es ist so, als ob man sich in einer Blase befände, die mit Liebe, Freude, Frieden, Ausdauer, Sanftmut, Güte, Glaube, Demut und Selbstbeherrschung gefüllt ist. An der Blase ist eine Schnur befestigt, die mit dem Herrn in Verbindung steht. Während er mit uns redet, sendet er uns seine Weisheit, sein Wissen und Verständnis.

Diese Blase erlaubt es, daß wir uns zwischen den Herausforderungen und Schwierigkeiten des Lebens hin und her bewegen. Sie beseitigt die Schwierigkeiten nicht, sie schützt uns nur vor dem heftigen Aufprall, dem diejenigen ausgesetzt sind, die versuchen, alleine zurechtzukommen.

Wenn wir Dinge ohne Gott tun, platzt die Blase, und unsere Gemeinschaft (nicht unsere Beziehung) zu Gott ist unterbrochen. Wir leben nun im Fleisch. In diesen Zeiten sind wir am verwundbarsten, voreilige Entscheidungen zu treffen und schlechte Urteile zu fällen. Wir reagieren aus Frustration, nicht aus Liebe. Wie kommen wir in die Blase zurück, wenn sie einmal geplatzt ist? In 1. Johannes 1, 9 heißt es: „Wenn wir aber unsre Sünden bekennen, so ist er treu und gerecht, daß er uns die Sünden vergibt und reinigt uns von aller Ungerechtigkeit."

Wenn wir unsere Sünden aufrichtig bereuen, vergibt der Herr uns und die Gemeinschaft ist wiederhergestellt. Deshalb kann das Gebet um Vergebung nicht bis zum Zubettgehen abends warten. Es muß andauernd während des ganzen Tages geschehen, so daß wir in ständiger Gemeinschaft mit dem Vater bleiben können.

Der Heilige Geist ist eins mit dem Vater und sucht beständig, seinen Willen zu tun. Auch Jesus nimmt an dieser Einheit teil: „Ich tue allezeit, was ihm gefällt (dem Vater)" (Johannes 8, 29). Jesus ordnete sich dem Vater völlig unter, egal, was Gott von ihm verlangte. Wir erinnern uns, daß Jesus im Garten Gethsemane sagte: „Mein Vater, ist's möglich, so gehe dieser Kelch an mir vorüber; doch nicht wie ich will, sondern wie du willst" (Matthäus 26, 39).

Unsere Unterordnung gegenüber Gott und unseren Mitmenschen wird niemals das Ausmaß an Qual und Zerbruch erfordern, das Christus ertragen mußte – und ganz gewiß wird es bei uns nicht bis zum „Schwitzen von Blut" kommen. Trotzdem stehen wir jeden Tag ganz sicher unseren kleinen Garten „Gethsemanes" gegenüber – den Orten nämlich, an denen unser Wille mit dem Willen Gottes konfrontiert wird.

Ich glaube, die größten Kriegsgeschichten sind nicht in Geschichtsbüchern zu finden, sondern im Leben von Christen, die darum ringen, Gottes Willen gehorsam zu sein. Außenstehenden mögen die Herausforderungen, denen wir uns gegenüber sehen, winzig erscheinen. Für uns sind sie oft gewaltiger als das Leben.

Vielleicht lachen einige von Ihnen über meine „Tee-Geschichte", aber an dem Tag, an dem sie sich ereignete, hätte mein Ringen die Richter-Skala zum Beben gebracht.

Der Sturm und die Tasse Tee

Als Frank und ich uns am Ende unseres Tages schon im Schlafzimmer befanden, sagte er von seiner Liegeposition aus: „Schatz, würdest du mir noch eine Tasse Tee holen?"

Ich antwortete: „Natürlich."

Nachdem ich die Tür leise geschlossen hatte und die Treppe hinunterging, begann mein Ärger anzuschwellen. Ich dachte: „Warum muß ich den Tee holen? Warum kann er mir keine Tasse Tee machen? Schließlich habe ich genauso viel getan wie er. Ich habe Besorgungen gemacht, mich um die Kinder gekümmert, das Haus geputzt und so viele andere Dinge getan, ich kann sie noch nicht einmal alle zählen!" Je mehr ich darüber nachdachte, um so wütender wurde ich.

Ich lehnte mich gegen den Herd, während ich wartete, bis das Wasser kochte, und flüsterte ein stilles Gebet: „Herr, ich weiß, daß die Bibel sagt, gegen dich und dich allein habe ich gesündigt. Ich weiß auch, daß ich, wenn ich sündige, den Heiligen Geist betrübe, und der Heilige Geist bist du. Bitte, Gott, ich möchte dich nicht betrüben, aber ich bin so wütend, daß ich nicht weiß, was ich sagen oder tun werde, wenn ich wieder oben bin, wenn du mir nicht zeigst, wie ich da wieder rauskommen kann. Ich bin empört!"

Als ich das Gebet sprach, antwortete Gott. Er begann damit, mir die Frage zu stellen: „Erinnerst du dich an die Bibelstelle: ‚In Demut achte einer den anderen höher als sich selbst'(Philipper 2, 3)?"

Im Geist nickte ich und er fuhr fort: „ Welchen Wunsch hatte Gott, als er sagte: „Ihr habt gehört, daß gesagt ist... ‚Du sollst deinen Nächsten lieben' und deinen Feind hassen. Ich aber sage euch: Liebt eure Feinde und bittet für die, die euch verfolgen" (Matthäus 5, 43–44).

Ich antwortete im stillen: „Aber ich hasse Frank doch nicht. Ich liebe ihn!"

Der Heilige Geist antwortete: „Natürlich. Und wenn du es nicht schaffst, diese Verse in die Tat umzusetzen bei jemandem, den du liebst, meinst du, du könntest es je bei jemandem, der dich haßt?

Ich antwortete leise: „Nein."

Aber der Heilige Geist hatte noch eine weitere Bemerkung zu machen, die meine Widerspenstigkeit verfliegen ließ. Er flüsterte: „Wie steht es mit dem Vers, den du letzte Woche auswendig gelernt hast?" „Wer unter euch groß sein will, der sei euer Diener; und wer unter euch der Erste sein will, der sei euer Knecht" (Matthäus 20, 26).

Dieser Vers ließ mich über dem kochenden Wasser weinen. Mein Wille hatte Gottes Willen entgegengestanden, der eine gesunde Ehe für uns wünschte. Wieder einmal hatte ich mich von Nebensächlichkeiten gefangennehmen lassen und Gottes letztes Ziel für unser Leben – daß Frank und ich eins in ihm werden sollten – ignoriert.

Als ich den Tee auf den Nachttisch stellte, sagte Frank „Danke". Ich sagte nur: „Bitte, Schatz." Ohne sein Wissen hatte gerade der Dritte Weltkrieg in unserer Küche stattgefunden! Ich konnte jedoch lächeln aufgrund der Tatsache, daß, selbst wenn viele es als Niederlage angesehen hätten, ich wußte, daß ich einen Sieg errungen hatte. Ich war nicht länger durch Ärger und Rebellion gebunden, sondern frei zu lieben und zu geben.

Ein Grund, warum Unterordnung solch ein großes Hindernis ist, liegt darin, daß sehr wenige Leute das Herz eines Dieners haben – oder haben wollen. Wir erklären unseren Unwillen, einander zu dienen, im Namen der gleichen Rechte. Aber wenn der Heilige Geist diesen Vorwand wegbläst, dann bleiben nur die vier stolzen Säulen Arroganz, Trotz, Ungehorsam und Rebellion übrig.

Gott sucht unter seinen Kindern einige, die zum Vollzeitdienst bereit sind, Kinder, die bereit sind, im Geist zu leben, Kinder, die begehren, ihn mit Herz, Verstand und Seele zu lieben. In 2. Chronik 16, 9 heißt es: „Des Herrn Augen schauen alle Lande, daß er stärke, die mit ganzem Herzen bei ihm sind."

Gott sucht nach Kindern, die einen bestimmten Geist besitzen. „Ich sehe aber auf den Elenden und auf den, der zerbrochenen Geistes ist und der erzittert vor meinem Wort" (Jesaja 66, 2).

Arm und hilflos

Das Wort „elend" in Jesaja 66, 2 bedeutet arm und hilflos. Nehmen wir an, wir nähmen einen siebenjährigen Jungen, der von seinen Eltern verlassen wurde, würden ihn mitten in der Pennergegend aussetzen und wegfahren. Der Junge ist arm, aber nicht hilflos. Er kann an Türen klopfen und um Hilfe bitten, in einem Schnellimbiß von den Tellern der Leute die Reste essen, nachdem diese gegangen sind oder sogar mit einer Almosenbüchse in der Hand an der Ecke stehen.

Aber nehmen wir einen zweijährigen Jungen und setzen ihn am gleichen Ort aus, ist er wirklich arm und hilflos. Wenn nicht jemand ihm hilft, wird er schließlich sterben. Gott möchte Kinder, die wissen, daß sie hilflos sind. Jesus sagt: „Ich bin der Weinstock, ihr seid die Reben. Ohne mich könnt ihr nichts tun."

Wenn wir unsere Leistungen im Leben betrachten, fällt es uns schwer, mit der Tatsache fertig zu werden, daß wir ohne Jesus hilflos sind. Wir müssen jedoch beachten, von welchem Standpunkt aus Jesus sprach. Er war sich ganz und gar bewußt, daß es Menschen auf der Erde gibt, die nicht an ihn glauben und trotzdem großen irdischen Erfolg haben. Jesus bezog sich auf das Reich, in dem er herrscht: das geistliche Reich.

Als Jesus sagte, daß wir ohne ihn nichts tun können, bezog er sich auf das geistliche Reich, das alles um uns herum beherrscht. Wir können in der sichtbaren Welt ein florierendes Unternehmen auf die Beine stellen, eine dynamische Organisation aufbauen oder ein erfolgreiches Ereignis koordinieren. Aber nur Jesus kann durch seinen kostbaren Heiligen Geist das Herz eines Menschen ändern und ihn in eine andere Richtung führen.

Ein Ehemann kann sich Gott unterordnen und seine Familie in die Richtung führen, die seiner Meinung nach richtig ist, aber nur Gott hat Zugang zu dem Herzen seiner Frau und kann bewirken, daß sie sich seiner Führung unterordnet. Eine Frau kann sich der Führung ihres Mannes unterordnen, aber nur Gott ist es möglich, ihren Mann zu motivieren und zu befähigen, sie so zu lieben, wie Christus die Gemeinde liebt. Als Kinder Gottes müssen wir erkennen, daß wir arm und hilflos sind. Wir singen ein Lied in unserer Gemeinde, in dem es heißt: „Vater, ich strecke meine Hände nach dir aus, ich kenne keine Hilfe außer dir, wenn du mir deine Stärke entziehst (dich selbst von mir zurückziehst), wo soll ich dann hingehen?"

Eines Morgens wartete ich in einem Kopierladen, bis ich an die Reihe kam. Ein älterer Herr vor mir murmelte vor sich hin. Ich setzte mich und bemerkte, daß neben dem Stuhl ein Hundekörbchen mit einen kleinen Hund stand. Innerhalb ein paar Sekunden erzählte mir der alte Mann eine Geschichte.

„Mein Sohn ist Arzt", sagte er. „Er wohnte vor einiger Zeit in einem kommunistischen Land. Dort wurden uneheliche Kinder als Schande betrachtet und sehr grausam behandelt. Man ließ sie draußen, und sie aßen von den Resten, die sie auf der Straße fanden. Keinen Vater zu haben war die schlimmste Schande.

Eines Tages bemerkte mein Sohn einen kleinen Waisenjungen, der von Schmutz bedeckt auf der Straße saß. Sein Herz entbrannte vor Mitleid zu dem Kind. Er nahm ihn mit nach Hause, pflegte ihn und betrachtete ihn als seinen eigenen Sohn.

Dann ereignete sich in dem Land ein Staatsstreich, und mein Sohn wurde aufgefordert, das Land zu verlassen, wenn er nicht riskieren wollte, sein Leben zu verlieren. Er ging, um seine Reisepässe in Ordnung zu bringen, und man sagte ihm, daß er den adoptierten Jungen nicht mitnehmen könne. Er versuchte, die Behörden zu überreden, aber sie weigerten sich, die Reisepapiere zu beschaffen.

Mein Sohn ging heim und gab dem Jungen ein sehr starkes Beruhigungsmittel, legte ihn in einen geschlossenen Hundekorb und ging zum Flughafen. Dort war solch ein Durcheinander, daß der Flugkartenkontrolleur den Hundekorb nicht überprüfte. Wäre die Täuschung meines Sohnes entdeckt worden, hätten sie ihn getötet. Aber der Junge ist heute 18 Jahre alt und besucht hier in der Nähe eine Universität."

Diese Geschichte berührte mich zutiefst. Ich mußte daran denken, daß Jesus genau dies für uns tat. Er erwählte uns – nicht wir erwählten ihn. Wir waren mit Sünde bedeckt, aber er liebte uns trotzdem. Er reinigte uns, nahm uns an und rettete uns, als wir arm und hilflos waren. Wenn wir nicht in Gottes Geist handeln, sind wir weiterhin arm und hilflos. Aber mit seiner Hilfe „vermögen wir alles durch den, der (uns) mächtig macht."

Ein zerbrochener Geist

Gott sucht nach Kindern mit einem zerbrochenen Geist, solche, die ihre eigenen Sünden und die anderer beklagen.

Eines Tages bat ich Gott, mir ein Beispiel für einen zerbrochenen Geist zu zeigen. Einige Tage später kam meine Tochter Christy, die damals 6 Jahre alt war, in die Küche. Ich war dabei, ein „großes Essen" vorzubereiten, saß am Tisch und zupfte grüne Bohnen ab. Sie tat etwas, was mir mißfiel, und ich sagte: „Christy, ich habe dir schon einmal gesagt, daß du das nicht tun sollst. Ich bin sehr enttäuscht über dich! Bitte tue es nicht wieder."

Wie schon erwähnt, habe ich mich daran gewöhnt, von meinen Kindern Ausreden für ihr Benehmen anstelle einer Entschuldigung zu hören. Aber dieses Mal war es anders.

Christy stand einen Augenblick still da und verschwand dann. Als sie zurückkam, gab sie mir ein Blatt Papier. Auf dem Papier stand geschrieben: „Libe Mamma, ich habe kein Esen verdint heute abend. Es tuut mir leid. Bite fegib mir. In Libe, Christy."

Als ich aufsah und meine Hände nach ihr ausstreckte, fiel sie in meine Arme und weinte so herzzerreißend, wie ich es noch nie gehört hatte. Sie weinte, weil sie mich enttäuscht hatte.

Gott sprach zu mir und sagte: „Das ist ein zerbrochener Geist." Ich begann, an Dinge zu denken, die ich getan und mit denen ich Gott enttäuscht hatte. Natürlich hatte ich jedesmal: „Es tut mir leid" gesagt. Aber ich hatte mich in einer flüchtigen Art entschuldigt, als ob ich sagen wollte: „Du mußt mir ja vergeben, weil du es in deinem Wort versprochen hast." In diesem Augenblick erkannte ich die Überheblichkeit meiner Haltung. Und während mein kleines Mädchen in meinen Armen weinte, schrie ich selbst zum Herrn um Vergebung.

Wir haben gewöhnlich eine Liste von Ausflüchten für unsere Sünden:

- Gott weiß, daß ich nur ein Mensch bin.
- Ich hatte eine unglückliche Kindheit.
- Ich bin zu alt, um mich noch ändern zu können.
- Nobody is perfect.
- Der Teufel hat mich dazu gebracht, es zu tun.

Aber wie viele Kinder Gottes fallen in seine Arme, weinen und bereuen ihre Sünden? Gott sucht nach Kindern mit einem zerbrochenen Geist.

Erzittert vor meinem Wort

Wenn Gott sagt, er sucht nach jemandem, der erzittert vor seinem Wort, meint die Schrift wörtlich ein „körperliches Beben". Das Zittern ist das Ergebnis unserer Sanftmut.

Sanftmut bedeutet beherrschte Macht. Natürlich können wir die Dinge selbst in die Hand nehmen und versuchen, Beziehungen, Umstände und Situationen in Ordnung zu bringen. Oft würde die Art, wie wir Dinge in Ordnung bringen, Gott jedoch nicht gefallen, und wie wir schon entdeckt haben: „Seine Wege sind nicht unsere Wege." Wenn wir sanftmütig sind, entscheiden wir uns dazu, unsere Macht zu beherrschen, um seine zu aktivieren.

Vielleicht waren Leute unfreundlich zu Ihnen. Sie hätten wohl das Recht, sich für ihre Taten zu rächen. Jede Faser Ihres Fleisches sagt: „Tu' es! Sie verdienen es! Aber das Erzittern beginnt, wenn Sie bedenken: „Rächt euch nicht selbst, meine Lieben, sondern gebt Raum dem Zorn Gottes; denn es steht geschrieben: ‚Die Rache ist mein; ich will vergelten, spricht der Herr'" (Römer 12, 19).

Jedesmal, wenn wir uns entscheiden, etwas nach Gottes Weise zu tun, müssen wir gegen unseren Verstand und unsere Gefühle kämpfen. Aber es lohnt sich, weil wir wissen, wir handeln wie Kinder, über die Gott sich freut.

Glauben Sie, daß es einen Gott gibt, der eines Tages Ihre Taten richten wird? Stellen Sie sich einmal vor: Sie erhalten eine Einladung ins Kino, und man sagt Ihnen, daß alles, was Sie je getan, gedacht und gesagt haben, an diesem Tag gezeigt werde – auf Breitleinwand Technicolor! Eintritt frei. Selbst Ihre Feinde sind eingeladen! Wie anders sprächen, handelten und dächten wir, wenn wir uns vorstellen würden, wir würden zur Schau gestellt? Der Gedanke an das Kino verursacht uns Übelkeit, weil wir von einer tiefen Menschenfurcht motiviert werden.

Ich denke, wir fürchten Menschen mehr als Gott. Entweder dies oder wir glauben einfach nicht, daß er tatsächlich allwissend, allmächtig und immer bei uns ist.

Aber Gottes Wort sagt, er möchte Kinder, die sanftmütig sind, die erzittern vor seinem Wort. „Schauen Sie", sagen Sie vielleicht, „das steht im Alten Testament." Da haben Sie recht. Was denkt Jesus darüber? In Matthäus 5, 3–5 finden wir eine der ersten schriftlich festgehaltenen Predigten Jesu. Seine ersten drei Aussagen waren: „Selig sind, die da geistlich arm sind; denn ihrer ist das Himmelreich. Selig sind, die da Leid tragen; denn sie sollen getröstet werden. Selig sind die Sanftmütigen; denn sie werden das Erdreich besitzen."

Unterordnung ist Glaube, der in einem armen, zerbrochenen und sanftmütigen Geist handelt. Jesus hatte diesen Geist. Und wir sollen ihn auch haben.

Eine Lektion in Sachen Unterordnung

Während einer Jugendkonferenz wurde ich kürzlich schmerzlich an diese Prinzipien erinnert. „Breakaway" (Durchbruch) ist der Name eines Jugendtreffens, das ich vor einigen Jahren für kalifornische Jugendliche ins Leben rief und leitete. Obwohl mir die Konferenz sehr am Herzen liegt, trat ich, nachdem ich sie drei Jahre lang geleitet hatte, zurück. Sie ist nun in den Händen eines fähigen und kompetenten Leiters namens Don.

Obwohl ich nicht mehr die Leitung innehabe, nehme ich weiterhin daran teil, und helfe, wo ich kann. Als ich bei der letzten Konferenz in der Eröffnungsversammlung saß, bemerkte ich, daß der Chor nicht sehr gut war. Die jungen Männer und Frauen bewegten sich unruhig, während sie angeleitet wurden, ein unbekanntes Lied nach dem anderen zu singen.

Ich war so frustriert! Als der Saal sich leerte, fragte ich, warum die Musik nicht dem sonst üblichen sehr guten Standard entsprach. Ich erfuhr, daß das geplante Team gerade zwei Tage zuvor abgesagt hatte und rasch ersetzt worden war.

Ich machte schnell die zwei Chorleiter ausfindig, die zufällig Freundinnen von mir waren. Ich sagte ihnen, was sie meiner Meinung nach tun sollten. Sie waren sehr freundlich und führten meine Vorschläge bereitwillig aus. An diesem Abend waren sie ganz große Klasse! Die Jugendlichen wollten gar nicht aufhören zu singen, und meine Freude hätte nicht größer sein können.

Aber am nächsten Tag wandelte sich meine Freude in Traurigkeit. Ich erfuhr, daß Don, der Leiter der Konferenz, über mein Verhalten überhaupt nicht erfreut gewesen war. Als ich mit ihm sprach, erklärte er mir, daß einige Leiter der Konferenz beunruhigt gewesen seien, weil ich völlig ungebeten das Problem des Chores löste, ohne mich vorher mit ihnen in Verbindung zu setzen.

Ich war wütend! Tränen strömten mir aus den Augen, als ich wegrannte.

Minuten später saß ich auf einem Felsen, schaute auf einen gluckernden Bach und weinte: „Herr, du weißt, daß ich diese Konferenz niemals aufgeben wollte! Mein Herz hängt an ihr! Ich komme sowieso kaum noch dazu, viel zu ihr beizutragen, und dann, wenn ich etwas tue, ist es das Falsche. Es ist einfach lächerlich! Don erwähnte nicht einmal, wie wunderbar der Gottesdienst war. Er bedankte sich nicht dafür, daß ich das Problem gelöst habe. Er konnte nur an die anderen Leiter denken und daran, wie sie fühlten!"

Als ich weiter weinte, redete der Heilige Geist behutsam mit mir. „Ja, du hast recht. Es war ein wundervoller Gottesdienst. Aber es war ein Fehler, daß du dich nicht mit denen, die die Leitung innehaben, abgesprochen hast, bevor du dich einmischtest. Du hast gegen deine eigenen Lehren verstoßen – Lehren, die du, wie du weißt, von Gottes Wort empfangen hast. Geh' und entschuldige dich, und gehe gleich."

Ich sprang auf die Beine und ging den Hügel hinunter. Als ich Don fand, sagte ich ihm, daß es mir leid tue. Ich gab zu, daß er recht hatte und daß ich mich hätte mit ihm absprechen sollen, bevor ich selbst Änderungen vornahm. Er legte mir den Arm um die Schultern, während ich weinte. Ich wußte, daß Gott sich freute und uns beide segnete.

Auf dem Wasser gehen

Ich mußte lernen, daß ich mich nicht unterordnen kann, ohne mich ganz auf Christus zu verlassen. Aber sobald ich dies getan habe, bin ich frei, seinen Heiligen Geist durch mich handeln zu lassen. In Johannes 15, 4–5 + 7 steht: „Bleibt in mir und ich in euch. Wie die Rebe keine Frucht bringen kann aus sich selbst, wenn sie nicht am Weinstock bleibt, so auch ihr nicht, wenn ihr nicht in mir bleibt. Ich bin der Weinstock, ihr seid die Reben. Wer in mir bleibt und ich in ihm, der bringt viel Frucht; denn ohne mich könnt ihr nichts tun. Wenn ihr in mir bleibt und meine Worte in euch bleiben, werdet ihr bitten, was ihr wollt, und es wird euch widerfahren."

Ich hörte einmal den Spruch: „Angst klopfte an der Tür. Glaube antwortete. Niemand war draußen." Wenn Sie dieses Buch zuschlagen, erscheint Ihnen der Gedanke, Ihren Willen Gott und denen, die die Autorität haben, zu übergeben und unterzuordnen, vielleicht verwirrend und sogar furchterregend.

Wenn der Apostel Petrus neben Ihnen säße, würde er verständnisvoll mit dem Kopf nicken. Wie er darum rang, seine starke, fähige Persönlichkeit Jesus unterzuordnen! Dennoch, Petrus ging auf dem Wasser! Und durch diese Erfahrung lernte er schnell, daß er, weil Jesus bei ihm war, vollkommen sicher war.

Sie und ich müssen tiefe Wasser der Ungewißheit durchqueren. Was wird geschehen, wenn wir aus unserem eigenen Willen aussteigen, uns im Glauben hinauswagen und uns unterordnen und vertrauen? Werden wir sinken? Nein. Sobald wir bereit sind, das Boot zu verlassen, und unsere Augen auf ihn richten, gibt uns Jesus seine Kraft, und wir sind fähig zu tun, was unmöglich erscheint – ebenso wie Petrus.

Welch herrliche Freiheit eröffnet sich uns, wenn wir das Prinzip der Unterordnung in unserem Leben anwenden! Befestigungen stürzen ein. Wir stehen ganz offen vor dem Herrn und vor anderen da. Wir bleiben in ständiger Gemeinschaft mit seinem Geist.

Durch die Unterordnung wissen wir, was es bedeutet, wahrhaft befreit zu sein. Wir können mit Glauben erfüllt und endlich frei sein, die Person zu werden, zu der Gott uns geschaffen hat!

Gary Smalley

Entdecke deinen Mann!
13,5 × 20,5 cm, 178 Seiten

ISBN 3-87827-061-5

Eine erfüllte Ehe ist kein Produkt des Zufalls! Sie basiert auf Prinzipien, die für das Entstehen und Bestehen einer herzlichen und liebevollen Beziehung unerläßlich sind. Denn die emotionalen und psychologischen Unterschiede zwischen Mann und Frau können zu einem unüberwindlichen Hindernis für eine dauerhafte erfüllte Beziehung werden, wenn man sie ignoriert oder mißversteht.
Wie kann eine Ehefrau ihrem Mann ihr tiefes Bedürfnis nach Liebe, Bestätigung, Sicherheit bewußt machen, ohne sich dabei selbstsüchtig vorzukommen?
In seinem Buch gibt der Autor Gary Smalley, selbst Ehemann und Vater von drei Kindern, der Frau Anregungen, wie sie ihrem Mann helfen kann, die Liebe zu ihr zu vertiefen und ihr bester Freund zu werden. Sein Wunsch und Bemühen ist es, daß die Frau das Wesen ihres Mannes verstehen lernt. Dieses Buch »Entdecke deinen Mann!« ist eine Hilfe für Eheleute, die gemeinsam an der Verbesserung ihrer Ehe arbeiten möchten.

Gary Smalley

Entdecke deine Frau!
13,5 x 20,5 cm, 169 Seiten

ISBN 3-87827-065-8

»Entdecke Deine Frau« ist ein Buch, das sich an die Ehemänner richtet, die aufrichtig wünschen, eine erfüllte Ehe zu führen, die aber nicht wissen, welche Schritte sie dazu unternehmen können.

Es gibt eine Anzahl von »Wie man . . . Büchern«: wie man ein erfolgreicher Geschäftsmann wird, wie man reich wird, wie man sich kleiden muß, um Erfolg zu haben . . . Das Wichtigste »Wie man . . . Buch« wurde noch nicht geschrieben: nämlich, wie man ein guter Ehemann wird.
»Entdecke deine Frau« ist ein Buch, in dem der Autor den Ehemann auf zehn Schritte hinweist, die ihm erlauben werden, seine Ehe zu festigen. Gary Smalley erläutert die materiellen und emotionalen Bedürfnisse und Erwartungen der Frau und veranschaulicht dem Ehemann, wie er diese Erwartungen erfüllen kann.
Jedoch sollten beide Partner bereit sein, zusammenzuarbeiten. Es wird deshalb empfohlen, dieses Buch im Zusammenhang mit dem entsprechenden Buch für Ehefrauen »Entdecke deinen Mann!« zu lesen.

EDITIONS TROBISCH, 7640 Kehl/Rhein

Roger und Donna Vann

Das Ehe(garten)buch
13,5 x 20,5 cm, 220 Seiten

Wie kann ein Ehegarten, der verwildert ist, wieder in einen schönen Garten verwandelt werden? Wie kann in einer Ehe eine fruchtbare Beziehung wiederhergestellt werden und die Liebe wachsen, statt in ihrem Wachstum durch Unkraut behindert zu werden?
Donna und Roger Vann zeigen, daß beide Partner an sich und ihrer Beziehung arbeiten müssen, damit die Liebe gedeihen und Früchte tragen kann.
Der Ehegarten muß gepflegt, umgegraben, bewässert und gedüngt werden. Der Eheboden muß mit wachstumsfördernden Stoffen wie Zuwendung zu Gott, Unterstützung, Verbindlichkeit und Vergebung genährt werden. Ein guter »Ehedünger« ist ein »Ausflug zu zweit«, der dazu beiträgt, daß die Kommunikation nicht zum Stillstand kommt.
Dieses Handbuch ist das Ergebnis einer persönlichen Erfahrung mit solchen Ausflügen. Es eignet sich gut für Ehepaare zur Vertiefung ihrer Beziehungen sowie zum Studium in einem Ehepaarkreis.

Hans-Joachim und Ruth Heil

Teils sonnig, teils bewölkt
13,5 x 20,5 cm, 101 Seiten

»Teils sonnig, teils bewölkt« besteht aus heiteren und auch besinnlichen Geschichten, die das Leben schrieb. Menschen teilten Hans-Joachim und Ruth Heil Erlebnisse mit dem Ehepartner und den Kindern mit – und auch sie selbst brachten einige persönliche Erfahrungen mit ein.

»Jede dieser Geschichten kann ein Lernprozeß auslösen, vorausgesetzt, Sie sind dazu bereit . . . Wenn es Ihr Wunsch ist, daß Ihr Ehepartner und Ihre Kinder sind ändern, hören Sie auf, darauf zu warten. Fangen Sie an zu handeln. Beginnen Sie zu geben. Lassen Sie dem grauen Alltag nicht die Chance, Ihre Ehe und Familie zu zerstören.
Martin Buber sagte einmal: ›Jeder Mensch ist auf der Suche nach einem Menschen, der ihm das Ja des Menschseins zuspricht.‹
Wir wünschen uns, daß Sie der Mensch werden, der seinem Ehepartner und seinen Kindern dieses Ja vermitteln kann.«
Hans-Joachim und Ruth Heil

EDITIONS TROBISCH, 7640 Kehl/Rhein